Cynnwys

KW-069-551

Cyflwyniad

Prif amcan y llyfr hwn yw galluogi'r sawl sy'n cychwyn adarydda i allu adnabod yn syml ac yn sicr y rhan fwyaf o'r adar mae'n debyg o ddod ar eu traws.

Rydym oll rywbryd neu'i gilydd yn dod i gysylltiad ag adar, a rhai ohonom â mwy o ddiddordeb nag o wybodaeth. Felly, pwrpas yr arweinlyfr poced hwn yw eich galluogi i adnabod adar y byddwch yn eu gweld yn yr ardd gefn, wrth grwydro yn y wlad, neu ar eich gwyliau.

Yn sicr, nid oes prinder llyfrau adar ar gael yn Saesneg; serch hynny, yr anhawster gyda'r llyfrau hyn ar y cyfan yw y trefnir yr adar fesul teuluoedd ac o ganlyniad gall adnabod adar fod yn waith araf a dryslyd. Dydy aderyn ddim yn debyg o sefyll yn ei unfan tra bod prentis adarydd yn bodio drwy restr o adar er mwyn cael hyd i'r enw! Os nad oes gan y prentis unrhyw syniad i ba deulu y perthyna'r aderyn, yna gwaith anodd yw cael hyd iddo yn y llyfrau hyn. Hefyd, o ddefnyddio arweinlyfrau traddodiadol, mae'n anodd penderfynu a yw aderyn yn wirioneddol brin, ynteu'n **weddol** anghyffredin. Felly, gellid yn hawdd wneud camgymeriad drwy ddod i'r casgliad fod aderyn bychan gwyrdd, pigfain yn Delor Gwyrdd, er mai Telor yr Helyg cyffredin ydyw mewn gwirionedd.

Yn y llyfr hwn ceisiwn osgoi dryswch o'r fath drwy adael allan adar prin fel y Telor Gwyrdd. Dim ond yr adar cyffredin a drafodir, felly; ond eto fe ddylem bwysleisio nad yr adar prin o anghenraid yw'r adar hynny sy'n osgoi pobl neu sy'n encilio i ranbarthau diarffordd.

Ni fydd angen crwydro'n bell, felly, i weld yr adar a drafodir yn y llyfr hwn. Gyda chymorth yr 'arweinydd adnabod' syml yn yr adran nesaf fe fydd modd i chi ymestyn eich gwybodaeth a'ch diddordeb ym myd yr adar.

Rhestrwyd y rhan fwyaf o'r adar anghyffredin fesul grwpiau yn yr adran 'Adar Llai Cyffredin' (tt. 118-125). Os byddwch yn sylwi'n aml ar adar o'r rhan ychwanegol hon, yna fe fyddwch yn prysur feistroli eich prentisiaeth, ac yn barod am lyfrau mwy cymhleth.

PA ADERYN?

Mike Lambert ac Alan Pearson

Addasiad Cymraeg gan

Ted Breeze Jones

ⓗ Atlantis Publications Ltd ©

Cyhoeddwyd gyntaf ym 1984 gan Hamlyn
Teitl gwreiddiol: *Which Bird?*
Argraffiad Cymraeg cyntaf: 1988
ⓗ y testun Cymraeg: Ted Breeze Jones, 1988

*Dymuna'r cyhoeddwyr gydnabod cymorth a chyfarwyddyd
Adrannau'r Cyngor Llyfrau Cymraeg
a noddir gan Gyngor Celfyddydau Cymru.*

ISBN 0 86383 418 3

Cyhoeddwyd gan Wasg Gomer, Llandysul, Dyfed

Sut i ddefnyddio'r llyfr hwn

I alluogi'r sawl sy'n cychwyn gwylio adar i adnabod aderyn yn rhwydd ac yn bendant, dosbarthwyd yr adar i adrannau yn ôl eu cynefin arferol.

Er enghraifft, os gwelwch aderyn mewn coedwig, yna chwiliwch amdano o dan y lliw gwyrdd sef **Adar y dref, yr ardd, y parc a'r goedwig.** Ceir tair adran yn cyfateb i dri chynefin gwahanol ac fe welir lliw gwahanol ar frig pob tudalen (gweler Ffig. 1) i ddynodi'r adrannau hyn. Neilltuir y pedwerydd lliw, sef llwyd, ar gyfer adar llai cyffredin.

O fewn pob adran, trefnwyd yr adar yn ôl eu maint, yn hytrach na fesul teulu gan mai didoli fesul teulu sy'n creu cymaint o ddryswch i'r prentis. Felly, o wybod cynefin yr aderyn, a throi i'r adran briodol, rhaid fydd i chwi ddyfalu ei faint yn fras.

Beth oedd maint yr aderyn?

Trefnwyd yr adar yn ôl eu maint, o'r lleiaf i'r mwyaf, a dynodwyd hynny gan symbol ar frig pob tudalen, yn ymyl enw'r aderyn (gweler Ffig. 2). Golyga hyn na fydd dau aelod o'r un teulu o angenrheidrwydd yn nesaf at ei gilydd yn y llyfr. Er enghraifft, gosodwyd y ddwy Gnocell fwyaf cyffredin fel hyn: y Gnocell Fraith Fwyaf 23 cm (9 mod) ar dudalen 33 a'r Gnocell Werdd 32 cm (12½ mod) ar dudalen 38.

Ffig 1. Darganfod yr aderyn

Adar y dref, yr ardd y parc a'r goedwig

Adar tir amaeth, rhostir, dyfroedd i mewn yn y tir a thir gwyllt

Adar yr aber, y glannau a'r môr

Adar llai cyffredin

Ffig 2. Arweinydd i faint yr adar
Cyfeiria'r mesuriadau at hyd yr aderyn, o flaen ei big i flaen ei gynffon.

Bach iawn
9-13 cm (3½-5")

Bach
14-19 cm (5½-7½ ")

Canolig
20-27 cm (8-10½")

Eitha mawr
28-40 cm (11-15½")

Mawr
41-69 cm (16-27")

Mawr iawn
70-152 cm (27½-60")

Gwaith hawdd fydd i chi gael hyd i adran arbennig o'r llyfr ac yna i chwilio am aderyn yn ôl ei faint. Mae'r wybodaeth a fydd yn eich galluogi i adnabod yr aderyn yn bendant yn y blychau lliw o dan enw pob aderyn. Dangosir tudalen enghreifftiol yn Ffig 3.

Nodweddion

Yn y blwch cyntaf ceir y nodwedd, neu gyfuniad o nodweddion, sy'n arbennig i'r aderyn o'r maint hwnnw. Hynny yw, os rydych yn berffaith siŵr o'r nodweddion hyn, a bod y rheiny'n cael eu cadarnhau gan y lluniau lliw, yna byddwch wedi llwyddo i adnabod yr aderyn **yn bendant.** Ar ôl gwneud hyn gellwch ddarllen y tri blwch arall o ran diddordeb, ac er mwyn ychwanegu at eich gwybodaeth.

Os ydych yn dal i fod yn ansicr o ran adnabod yr aderyn, yna ceir gweddill y disgrifiad yn yr ail flwch. Yn y trydydd blwch nodir ardaloedd a chynefin arferol yr aderyn. Serch hynny, er bod yr ail a'r trydydd blwch yn rhoi **gwybodaeth ychwanegol,** nid ydynt yn **manylu** ar adnabod aderyn arbennig. Dim ond y **blwch cyntaf** fedr wneud hynny.

Swydd y pedwerydd blwch ar bob tudalen yw rhoi enwau adar sy'n debyg i'r aderyn dan sylw, ac er mwyn osgoi dryswch. Rhoddir disgrifiad o'r adar tebyg hyn ar dudalennau eraill o'r llyfr, neu fe gofnodir hwy o dan y pennawd **Adar Llai Cyffredin** yn Adran 4. Ceir enwau a nodweddion adar llai cyffredin mewn cromfachau, felly os trowch er enghraifft i dudalen 37, **Turtur Dorchog,** fe welwch yr adar tebyg wedi eu rhestru fel (**Turtur:** . . .) **Colomen Ddof** ac **Ysguthan.** Golyga hyn fod y **Golomen Ddof** a'r **Ysguthan** wedi eu cynnwys yn adrannau 1-3, a'r **Durtur** i'w chael yn adran 4 sef **Adar Llai Cyffredin.**

Adar Tebyg

Mae'r blwch Adar Tebyg yn bwysig am ddau reswm. Yn gyntaf, mae'n ormod o demtasiwn dod i benderfyniad sydyn wrth chwilio am nodweddion sy'n wybyddus inni. Fe allech, mewn gwirionedd, fod eisoes wedi penderfynu ar enw'r aderyn cyn edrych am ei nodweddion arbennig yn y blwch cyntaf. Rhowch sylw manwl i'r adar tebyg. Mae'n hawdd camgymryd maint aderyn, a gall llwydfelyn gael ei gamgymryd am liw melyn. Yn y blwch hwn cewch ystyried posibiliadau eraill, felly.

Yn ail, mae'n bwysig i'r gwyliwr adar fod yn ymwybodol o'r union nodweddion y dylai fod yn chwilio amdanynt wrth geisio adnabod adar sydd yn debyg i'w gilydd. Dyma ble mae dyfalu'n darfod a sgiliau'n cychwyn.

Yn dilyn y tair adran gyntaf lle trafodir cynefin arferol, ceir adran 4, ac yn yr adran hon dosbarthwyd yr adar yn ôl eu maint. Er nad yw'r rhain yn adar cyffredin fe allai gwylwyr adar cymharol ddibrofiad ddod ar eu traws, serch hynny; ar gyfer yr adar hyn, felly, nodwyd yn unig yr enw a'r rhywogaeth ynghyd ag unrhyw nodweddion arbennig.

Cyn cychwyn, rhaid pwysleisio nad ydy adar yn cadw'n gaeth at gynefin arbennig, a bydd rhai yn crwydro'n bell. Mae'r rhaniadau cynefin yn y llyfr hwn yn nodi cynefin tebygol pob rhywogaeth. Ond byddwch yn barod i ystyried yr wybodaeth am ardaloedd ac arferion yn y trydydd blwch, os ydych yn teimlo'n bur sicr eich bod wedi gweld aderyn allan o'i gynefin. Fe fydd unrhyw amrywiaethau arferol wedi eu rhestru yno.

Yn sydyn, cwyd aderyn o'ch blaen. Beth oedd ei faint? Cofiwch, mae'n well barnu ei fod yn llai nag ydyw, mewn gwirionedd. Os ydych yn credu ei fod o faint Mwyalchen (25 cm neu 10 mod) cychwynnwch efo'r adar sy'n 22 cm (8-9

Ffig. 3. Tudalen Enghreifftiol

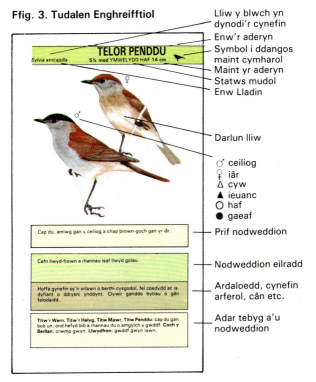

Lliw y blwch yn dynodi'r cynefin

Enw'r aderyn

Symbol i ddangos maint cymharol

Maint yr aderyn

Statws mudol

Enw Lladin

Darlun lliw

♂ ceiliog
♀ iâr
△ cyw
▲ ieuanc
○ haf
● gaeaf

Prif nodweddion

Nodweddion eilradd

Ardaloedd, cynefin arferol, cân etc.

Adar tebyg a'u nodweddion

mod), a symud ymlaen drwy'r tudalennau hyd nes y cyrhaeddwch yr un sy'n debyg iddo. Edrychwch yn y blwch cyntaf sy'n rhoi ei nodweddion arbennig. Os yw'n cyfateb i'r hyn a welsoch, byddwch wedi llwyddo i adnabod yr aderyn gydag ond y lleiafswm o fanylion. Dylid edrych ar yr ail, y trydydd a'r blwch Adar Tebyg er mwyn cadarnhau eich penderfyniad a hefyd er mwyn bod yn ymwybodol o adar tebyg ac iddynt nodweddion arbennig gwahanol.

Hwyl i chwi ar wylio'r adar, a chofiwch nodi'r adar y byddwch yn eu gweld yn y blychau a geir gyda'r rhestr adar (y mynegai) yng nghefn y llyfr.

Geirfa

Arddangos Patrwm ymddygiad ffurfiol—symudol gan amlaf—a ddefnyddir i gyfathrebu gydag adar eraill, yn arbennig yn ystod cymharu ac amddiffyn tiriogaeth.

Arhosol Presennol drwy gydol y flwyddyn, e.e. Mwyalchen; gall adar mudol tramor ychwanegu at y boblogaeth arhosol ar gyfnodau o'r flwyddyn, e.e. Drudwen.

Bar, barrau Band o liw ar hyd yr adain, e.e. Ji-binc.

Bib Clwt amlwg o blu ar y gwddf a rhan uchaf y fron, e.e. Titw Penddu.

Clwt Darn o liw, bach neu fawr, ar y plu.

Cyw Aderyn ieuanc yn gwisgo'i blu cyntaf ar ôl gadael y nyth, ond heb ddarfod bwrw'i blu cyntaf ar derfyn yr haf.

Dof Byw'n wyllt ond yn tarddu o stoc dof.

Ffenest Clwt o blu ar ymyl ôl adain fewnol hwyaden, gan amlaf yn amlwg a lliwgar.

Galwad Nodyn, neu nifer o nodau, i ddatgan dychryn, neu i ddangos ei bresenoldeb.

Ieuanc Wedi tyfu i'w lawn faint, ond heb fod mewn oed magu. Gall plu'r aderyn ieuanc fod yn dra gwahanol i blu'r oedolyn.

Is-rywogaeth Grŵp o unigolion oddi mewn i rywogaeth, sy'n gwahaniaethu (yn eu plu gan amlaf) oddi wrth ffurf arferol y rhywogaeth, ond yn abl i fagu ag unrhyw unigolyn o'r rhywogaeth honno.

Llwybig, llydanbig Pig hir, lydan, e.e. Pig yr Hwyaden lydanbig.

Mwgwd (band) Clwt o liw ar y bochau ac oddi amgylch y llygaid, a thros y talcen (aneglur weithiau), e.e. Llwydfron Fach.

Oedolyn Aderyn sy'n ddigon hen i fagu.

Tarian Tyfiant, heb blu arno, ar dalcen rhai adar y dŵr, e.e. Cwtiar.

Trwyn Tiwb Ffroenau ar ffurf tiwbiau, ymlaen o fôn y big, e.e. Aderyn-drycin y Graig.

Rhywogaeth Grŵp o unigolion sy'n debyg i'w gilydd, yn debycach nag ydynt i aelodau o boblogaethau eraill. Dim ond ymysg ei gilydd y maent yn abl i fagu, gan amlaf.

Ymwelydd Gaeaf Rhywogaeth fudol, yn cyrraedd yn niwedd yr hydref ac yn dychwelyd i'w chynefin haf i fagu, ar ôl i'r amodau yno wella yn y gwanwyn, e.e. Coch-dan-aden.

Ymwelydd Haf Rhywogaeth fudol, sy'n cyrraedd yn y gwanwyn ac yn dychwelyd i'w chynefin gaeaf ar ddiwedd y tymor nythu, e.e. Y Wennol.

Ffig. 4. Rhannau aderyn

9

Aderyn bach iawn a chanddo ymyl ddu i'w goron felen.

Aderyn crwn, bywiog; cefn llwyd-wyrdd a rhannau isaf llwyd-wyn. Dau far gwyn ar ei adain.

Hoff ganddo goed conwydd; fe'i ceir weithiau mewn gwrychoedd bytholwyrdd a pherthi mewn gerddi. Bydd wrthi'n brysur yn chwilota am fân bryfed, gan amlaf yn y brigau uchaf. Nid oes ofn pobl arno.

(**Dryw Penfflamgoch:** mae'n hynod o debyg ond fod llinell wen amlwg rhwng ymyl ddu'r goron a'r llygaid.) **Teloriaid** a theulu'r **Titw:** tebyg o ran eu maint, eu symudiadau sydyn a hefyd y dull o fwydo yn enwedig pan fônt ym mrigau ucha'r coed. Fodd bynnag, dylai nodweddion y Dryw Eurben fod yn ddigon amlwg.

DRYW

Troglodytes troglodytes 4 mod ARHOSOL 10 cm

Aderyn bychan iawn a chynffon ar i fyny.

Barrau tywyll, clòs, ar ei blu brown; ei rannau isaf yn oleuach na'r rhannau uchaf. Cura'i adenydd yn gyflym; ehediad syth a gwyllt. Cân hynod o egnïol.

Un o'r adar mwyaf cyffredin, yn hoffi cynefin sy'n llawn o dyfiant isel a thrwchus. Tyfiant eiddew yw un o'i hoff lecynnau ar gyfer gwneud ei nyth gron.

Dim un tebyg.

TELOR YR HELYG

11 cm YMWELYDD HAF **4½ mod**   *Phylloscopus trochilus*

Nid oes barrau ar ei adenydd; mae ei gân (Ebrill-Gorffennaf) yn swynol ac iddi gyfres o nodau'n disgyn, ac yn darfod â chlwstwr o nodau.

Llinell olau dros ei lygaid, a chefn llwyd-wyrdd. Bydd gloywder y melyn ar ei rannau isaf yn amrywio yn ôl y tymor, ac yn ôl yr unigolyn. Bol goleuach. Coesau brown golau gan amlaf, er y gwelir cryn amrywiaeth. Galwad (nid cân): ailadrodd 'hw-it' deusill.

Comin, rhostir a choedydd yw ei hoff gynefin. Ymwelydd haf niferus.

Siff-saff: Mae'n hynod o debyg. Cân hwn yn nodweddiadol sef ailadrodd 'siff-saff'; galwad unsill 'hw-it'. Coesau tywyll gan amlaf. (**Telor y Coed:** cefn melynwyrdd, bron felen ddisglair a bol gwyn; hoffi coedydd.)

Nid oes barrau ar ei adenydd. Ailadrodd 'siff-saff, siff-saff' yw ei gân.

Llinell olau dros ei lygaid, a chefn llwyd-wyrdd. Bydd gloywder y melyn ar ei rannau isaf yn amrywio yn ôl y tymor, ac yn ôl yr unigolyn. Bol goleuach, a'r coesau'n dywyll gan amlaf. Galwad (nid cân): 'hwit' unsill.

Mynycha goedydd ac is-dyfiant trwchus.

Telor yr Helyg: y ddau'n hynod o debyg i'w gilydd; gan amlaf ei goesau'n frown golau, a'i liwiau fymryn yn loywach. Cân: telori hir, swynol; galwad 'hw-ît' deusill. (**Telor y Coed**: cefn melynwyrdd; bron felen ddisglair; bol gwyn.)

13

TITW PENDDU
11 cm ARHOSOL **4½ mod**

Parus ater

Clwt gwyn ar ei wegil, a bol oren-wyn.

Corun du gloyw a bochau gwynion. Dau far gwyn ar yr adain a chefn llwyd-wyrdd.

Y lleiaf o deulu'r titw, yn mynychu coedydd a gerddi. Cyffredin iawn. Heidia yng nghwmni eraill o'r teulu.

Titw Mawr: mwy o lawer; bol melyn â rhes ddu amlwg; cefn gwyrdd. **Titw'r Wern** a **Thitw'r Helyg:** does dim gwar gwyn ganddynt, na barrau gwyn ar yr adain. **Titw Tomos Las:** corun glas a bol melyn.

Corun glas a bol melyn.

Ei adenydd a'i gynffon yn las. Llinell dywyll, gul i lawr ei fol. Bochau gwyn, ac ymyl wen i'r goron las. Cefn gwyrdd.

Nodedig o ystwyth pan fo'n chwilota am bryfed ar frigau'r coed. Cyffredin iawn mewn coedwigoedd, gerddi a gwrychoedd. Fe'i ceir yn aml mewn haid o adar titw eraill.

Titw Mawr: mwy o lawer, corun du; bochau gwyn; rhes ddu amlwg ar ei fol. **Titw Penddu:** corun du, gwegil gwyn, heb res ar ei fol oren-wyn.

Cap gloyw, du; dim barrau na chlwt golau ar ei adenydd.

Cefn brown, rhannau isaf a bochau llwyd-wyn. Bib bach, du.

Aderyn y coedydd; gwell ganddo goed dail-llydan. Arferion tebyg i eraill o'i deulu; neidio'n fywiog yn y brigau i chwilota am bryfed.

Titw'r Helyg: bron â bod yn union 'run fath, ond nid yw ei gap yn sgleiniog, ac mae ganddo glwt golau ar yr adain fewnol. **Titw Penddu:** clwt gwyn ar ei wegil; bol oren-wyn. **Telor Penddu** (ceiliog): cefn llwyd; does dim bib du ganddo.

Cap du, dwl, a chlwt golau ar yr adain fewnol.

Cefn brown, rhannau isaf a bochau llwyd-wyn. Bib bach, du.

Er gwaetha'i enw, gwell ganddo goedydd gwlyb, a choed yn tyfu mewn corstir. Yn aml, fe'i gwelir yng nghwmni Titw'r Wern, er ei bod yn well gan hwnnw gynefin sychach.

Titw'r Wern: bron â bod yn union 'run fath, ond mae ganddo gap gloyw, a does dim clwt golau ar ei adain. **Titw Penddu:** clwt gwyn ar ei wegil; bol oren-wyn. **Telor Penddu:** (ceiliog) cefn llwyd; does dim bib du ganddo.

GWENNOL Y BONDO

13 cm YMWELYDD HAF **5 mod**

Delichon urbica

Tebyg i'r Wennol, ond mae crwmp gwyn ganddi.

Y corun, y cefn a'r gynffon fforchog yn ddu-las. Rhannau isaf gwyn, a choesau pluog gwyn.

Cyffredin ger adeiladau a hefyd yn y wlad agored. Fe'i gwelir amlaf, fel eraill o'r Gwenoliaid, ar ei hadain yn hela pryfed. Fe'i gwelir weithiau ar y ddaear, yn arbennig pan fo'n casglu llaid i godi nyth o dan y bondo, ei hoff lecyn nythu.

Gwennol: cynffon hir, fforchog, a wyneb coch. **Gwennol y Glennydd:** band ar y fron a chefn brown; does dim crwmp gwyn ganddi. **Gwennol Ddu:** adenydd siâp pladur; bron â bod yn frown-ddu drosti.

DRINGWR BACH

Certhia familiaris   **5 mod** ARHOSOL **13 cm**

Pig fain, yn gwyro tuag i lawr.

Aderyn bach, bywiog, tebyg i lygoden. Brown, a rhannau isaf gwyn: llinell wen dros ei lygaid, a barrau melynwyn ar ei adenydd.

Enw addas iawn, gan ei fod beunydd yn dringo boncyffion i hela pryfed. Bydd plu stiff y gynffon yn cynnal ei gorff, yn null y Gnocell. Symudiadau herciog, ac anaml y'i gwelir yn dringo **i lawr** boncyff. Un o adar y goedwig, ond fe'i gwelir mewn gerddi ambell dro.

Dim un tebyg.

Gall ddringo boncyffion i bob cyfeiriad.

Mae ganddo liwiau sy'n ei wneud yn hawdd i'w adnabod: y cefn, y pen a'r gynffon yn llwyd-las; rhannau isaf orenaidd, ystlysau brown-goch a'r llinell ddu amlwg drwy'r llygaid.

Aderyn bach, cynffon fer, ac ehediad herciog, sydyn, o goeden i goeden. Coedydd dail-llydan a gerddi yw ei gynefin arferol. Bydd yn hela pryfed, ac yn storio cnau a mes.

Dim un tebyg.

Du a gwyn, ychydig o liw pinc a chynffon hir iawn, 7.5 cm (3 mod).

Corun du, a rhimyn gwyn drwy ei ganol. Wyneb a bron wen. Y bol, yr ystlys, y crwmp a chanol ei gefn yn binc. Mae'r adenydd a'r gynffon yn ddu gydag ymylon gwyn.

Ei gynefin arferol yw coedydd a gwrychoedd. Aderyn ystwyth, aflonydd; fe'i ceir yn aml mewn haid o adar titw eraill.

Siglen Fraith: does dim lliw pinc ar ei phlu; fe'i gwelir gan amlaf yn bwydo ar y ddaear mewn gwlad agored gan redeg a stopio'n sydyn bob yn ail.

Plu oren-goch disglair o'i dalcen i lawr at waelod ei fron.

Rhannau uchaf brown, a llwyd golau oddi amgylch y talcen a'r fron; llwyd-felyn oddi tano.

Cân deloraidd, swynol, gan amlaf pan fo'n sefyll ar glwyd amlwg. Cyffredin iawn mewn coedydd a gerddi. Ymddengys yn gyfeillgar tuag at bobl, ond mae'n ymladdwr tanbaid pan fo'n amddiffyn ei diriogaeth rhag robinod eraill.

Tingoch: cynffon oren-frown, a ysgwydir yn aml.

Cap du, amlwg gan y ceiliog a chap brown-goch gan yr iâr.

Cefn llwyd-frown a rhannau isaf llwyd golau.

Hoffa gynefin sy'n orlawn o berthi cysgodol, fel coedydd ac ynddynt is-dyfiant o ddrysni. Clywir ganddo bytiau o gân felodaidd.

Titw'r Wern, Titw'r Helyg, Titw Mawr, Titw Penddu: cap du gan bob un, ond hefyd bib a rhannau du o amgylch y gwddf. **Coch y Berllan**: crwmp gwyn. **Llwydfron**: gwddf gwyn iawn.

TINGOCH
14 cm YMWELYDD HAF **5½ mod** *Phoenicurus phoenicurus*

♀

♂

Cynffon oren-frown a ysgwydir yn aml. Talcen gwyn gan y ceiliog. Rhannau isa'r iâr yn felynwyn.

Mae gan y ceiliog wyneb a gwddf du, rhannau isaf oren-goch a chefn llwyd. Cymharol ddi-liw yw'r iâr; llwyd-frown yw ei rhannau uchaf.

Ei arferion a'i ehediad byr, anghyson yn debyg i'r robin. Aderyn prysur ac aflonydd. Er ei fod yn gyffredin mewn coedydd ac ar rostir, mae ei ddosbarthiad yn anwastad a hawdd y gellid ei fethu.

(**Tingoch Du**: (ceiliog) dim talcen gwyn na rhannau isaf oren-goch; (iâr) tywyllach a llwytach.) **Robin**: does dim wyneb du ganddo na thalcen gwyn. **Clochdar y Cerrig** (ceiliog): pen du a choler wen; (iar): tywyllach, clytiau gwyn ar ei hadenydd, cynffon ddu. (**Eos**: mwy; llechwraidd; cân felys.)

Aderyn brown, rhannau isaf golau, a'i rannau uchaf yn dywyllach. Mae'n unigryw, gan nad oes ganddo farciau amlwg ar ei adenydd nac ar ei gynffon nac ychwaith linell dros ei lygaid.

Aderyn di-sylw ond sy'n hynod am ei ddiffyg nodweddion amlwg. Tewach na theloriaid eraill o'r maint hwn; blaen sgwâr i'r gynffon.

I'w weld mewn coedydd ac mewn drysni. Ei gân soniarus yn aml sy'n gwneud i ni sylweddoli ei fod gerllaw.

Telor y Cyrs: meinach; cynffon gron; gwell ganddo gorsydd.
Telor yr Helyg a'r **Siff-saff:** llinell amlwg dros y llygaid.
Llwydfron: gwddf gwyn iawn; adenydd brown-goch.

Bydd yn hela pryfed yn y dull sy'n nodweddiadol o wybedog, sef neidio i'r awyr, cipio pry a dychwelyd i'w glwyd; bron resog (nid brycheulyd).

Patrwm di-sylw ar ei blu. Cefn a chynffon yn llwyd-frown golau, a bron olau. Rhesi brown ar ei gorun, ei dalcen a'i fron.

Bwyda ar bryfed, drwy neidio oddi ar ben polyn, neu glwyd arall amlwg, gan droi a throsi yn yr awyr i ddal ei brae. Fe'i gwelir o Ebrill i Fedi mewn coedydd a gerddi mawr.

Teloriaid: main a phlu di-liw, a rhaid bod yn bur agos i allu gwahaniaethu rhyngddynt. Nid yw'r rhain yn hela pryfed yn null nodweddiadol y gwybedog.

TITW MAWR

Parus major

5½ mod ARHOSOL 14 cm

Rhes ddu ar y fron (rhes y ceiliog yn lletach).

Bol melyn. Bochau gwynion. Bib du sy'n nodweddiadol o deulu'r titw. Y ceiliog a'r iâr yn bur debyg.

Y mwyaf o deulu'r titw. Cyffredin iawn. Mynycha goedydd, gerddi a gwrychoedd. Heidia yng nghwmni eraill o'r teulu y tu allan i'r tymor nythu.

Titw Tomos: llai o lawer; y corun, yr adenydd a'r gynffon yn las; does dim rhes ddu ar ei fol. **Titw Penddu:** llai ei faint; gwegil gwyn, amlwg; bochau gwynion; corun du; bol oren-wyn heb resen.

Gwyrdd disglair (ceiliog) a chlytiau melyn disglair ar yr adenydd.

Mae gan yr oedolion (y ceiliog a'r iâr) grwmp melynwyrdd, a chlytiau melyn ar y gynffon. Plu'r iâr a'r adar ieuainc yn fwy llwyd na'r ceiliog; gwelir rhesi ar eu rhannau uchaf a'u rhannau isaf hefyd.

Gwelir yr aderyn hwn mewn gerddi ac ar dir amaeth agored.

(**Pila Gwyrdd**: llai; corun du gan y ceiliog, a'r iâr yn rhesog oddi tani.) **Nico**: barrau melyn nodweddiadol ar yr adenydd; dim ond o hirbell y mae perygl camgymryd.

ADERYN Y TO

Passer domesticus　　6 mod ARHOSOL 15 cm

Corun llwyd a bib du gan y ceiliog. Llinell olau drwy lygaid yr iâr lwydaidd a welir, gan amlaf, yng nghwmni'r ceiliog.

Rhesi du ar gefn brown y ceiliog; gwegil brown a bochau llwyd golau; bar gwyn ar yr adain; crwmp llwyd a rhannau isaf llwyd golau. Mae cefn brown yr iâr yn oleuach, ac mae'n rhesog.

Nodedig am ei ymddygiad yn y trefi; cyffredin hefyd ar dir amaeth. Fe'i gwelir mewn heidiau, yn aml yng nghwmni pincod. Mae pigau dwfn y golfanod a'r pincod yn nodweddiadol o adar sy'n bwyta grawn.

Golfan y Mynydd: corun brown-siocled a smotyn du ar y foch; coler wen. **Llwyd y Gwrych**: meinach; pen yn llai; pig fain; does dim bochau golau ganddo.

29

Marciau llwyd ar y pen a'r rhannau isaf. Pig fain.

Rhesi du ar gefn brown, tebyg i Aderyn y To a'r Golfan.

Swil, llechwraidd hyd yn oed. Siâp tebyg i'r Robin. Gwelir ef gan amlaf ar ei ben ei hun, ar y ddaear yng nghysgod perthi neu wrychoedd.

Aderyn y To: corun llwyd, bib du. **Golfan y Mynydd:** corun brown-siocled; smotyn du ar y foch.

Adenydd cul, siâp pladur.

Siâp sy'n nodweddiadol o deulu'r wennol. Brown-ddu drosti, a chlwt gwyn, bach, ar ei gwddf. Cynffon fforchog, ond heb blu hirion arni.

Byw ar ei hadain; yn glanio yn unig yn ystod y tymor nythu, ar y nyth, neu pan fo wedi blino'n llwyr. Bryd hynny, bydd ei hadenydd hir a'i choesau gwan yn ei rhwystro rhag codi oddi ar y ddaear, a marw bydd ei diwedd. Ehediad cyflym a herciog pan fo'n hela pryfed.

Gwennol: rhannau isaf golau, wyneb coch; (gan yr oedolyn) plu hir ar y gynffon. **Gwennol y Bondo**: rhannau isaf golau a chrwmp gwyn. **Gwennol y Glennydd**: rhannau isaf golau; bar brown ar ei bron.

Plu brycheulyd, smotiau gwyn yn yr haf, disglair yn y gaeaf.

Corff crwn; adenydd byr a main. Yr adar ieuainc yn llwyd-frown; yn raddol, byddant yn etifeddu plu'r oedolyn.

Weithiau bydd yn hedfan gryn bellter fel aelod o haid anferth. Aderyn nodedig am ei allu i ddynwared caneuon adar eraill, yn ychwanegol at ei chwibanu a'i delori ef ei hun.

Dim un tebyg.

Plu brith a chlytiau gwyn amlwg ar yr ysgwyddau.

Corun du, bochau gwyn, clwt coch ar wegil y ceiliog ac o dan gynffon y ceiliog a'r iâr. Cefn du ac ysgwyddau gwyn; barrau gwyn ar adenydd duon yn creu patrwm brith amlwg pan fo'n hedfan. Rhannau isaf melynwyn golau.

Dosbarthiad eang mewn coedwigoedd cymysg, parciau a gerddi tawel. Gwna sŵn 'drymio' uchel drwy guro'i big yn gyflym ar goeden. Ehediad i fyny ac i lawr.

(**Cnocell Fraith Leiaf**: llai o lawer (maint Aderyn y To): barrau ac nid clytiau gwyn ar yr ysgwyddau; clwt coch ar ben y ceiliog.)

BRONFRAITH

23 cm ARHOSOL **9 mod**

Turdus philomelos

Bron frycheulyd a phlu oren o dan yr adain.

Cefn a phen brown.

Un o adar mwyaf cyffredin yr ardd. Ehediad unionsyth. Yn aml fe'i gwelir yn curo malwod-cregyn ar garreg. Gwna ei nyth mewn perth neu wrych; leinin caled o laid neu bren pydredig sydd iddo. Wyau glas fel yr awyr a smotiau du arnynt.

Brych y Coed: mwy; pen llwytach; plu allanol y gynffon ac o dan yr adain yn wyn. **Coch-dan-aden**; llai; rhes wen dros y llygaid; ystlys ac o dan yr adain yn goch. **Socan Eira**: pen llwyd; cefn brown; crwmp llwyd; o dan yr adain yn wyn.

34

♀

♂

Y ceiliog yn ddu drosto, a'r iâr yn frown drosti.

Pig felen gan y ceiliog a chylch am ei lygaid. Cylch melyn am lygaid yr iâr a brychni ysgafn ar ei bron.

Mae'n debyg mai dyma'r aderyn gardd mwyaf cyffredin, yn mynychu gerddi led-led y wlad. Ei gynefin gwreiddiol, wrth gwrs, oedd coedwigoedd.

(**Mwyalchen y Mynydd:** bandyn neu hanner-lleuad golau ar draws rhan ucha'r fron.)

Bronfraith a chanddi ben llwyd-frown; plu gwyn ar ochrau allanol y gynffon.

Bron frycheulyd, cefn a phen llwyd-frown. Oddi tan yr adain yn wyn.

Fe'i gwelir ar gaeau ac mewn parciau; cyffredin hefyd ar dir coediog; nid mor gyffredin mewn gerddi. Gelwir hi'n Gaseg Ddrycin am ei bod yn canu ar frig uchaf coeden ar dywydd ystormus.

Bronfraith: llai; o dan ei hadain yn oren; cefn brown.
Coch-dan-aden: llai; rhes wen dros y llygaid; yr ystlys ac o dan yr adain yn goch. **Socan Eira**: pen llwyd; cefn brown; crwmp llwyd.

Coler dywyll, igam-ogam.

Turtur llwyd-frown a chanddi adenydd llwyd-las. Bandyn gwyn llydan ar y gynffon sy'n amlwg pan fydd yn glanio. Ymyl wen i'r goler ddu.

Fe'i gwelir amlaf mewn parciau a gerddi coediog; hefyd yn heidiau ar dir amaeth.

(**Turtur**: canol du i'r plu brown-oren ar ei chefn; clwt brith ar ei gwddf.) **Colomen Ddof**: does dim coler ddu a gwyn ganddi. **Ysguthan**: clytiau gwyrdd a gwyn ar ei gwddf; gwyn ar ei hadenydd.

37

Corun coch a'r corff yn wyrdd.

Hawdd ei adnabod. Y crwmp melyn a'r cefn gwyrdd yn draw-iadol. Hedfan i fyny ac i lawr yn nodweddiadol ohoni. Rhannau isaf golau a du ar ei hwyneb.

Curo uchel, yn hytrach na dyrnu uchel y Gnocell Fraith Fwyaf. Cyfeiria'r enw 'Caseg Wanwyn' at ei galwad, sy'n debyg i chwerthin uchel. Bwyda gan amlaf ar y ddaear mewn coedwigoedd dail-llydain, parciau a gerddi.

Dim un tebyg.

Adar trefol. Ehediad syth a chyflym. Galwad 'w-wr-cw-cw'.

Y lliwiau'n amrywiol iawn. Y rhai tebycaf i'r hynafiaid gwyllt yw'r rhai llwyd â chrwmp gwyn, a dau far du, amlwg ar yr adain. Rhai eraill cyffredin yw'r rhai du, y rhai brown a gwyn, neu'r llwyd brycheulyd ac yn aml heb y crwmp gwyn. Adenydd hir, blaen-fain.

Ambell dro, gwelir heidiau mawr mewn trefi ac ar dir amaeth; weithiau gwneir niwed i'r cnydau. Gan amlaf, ar adeiladau y gwelir eu nythod swmpus blêr. Efallai eu bod yn ddisgynyddion i Golomennod y Graig a gafodd eu dofi amser mawr yn ôl.

Colomen Wyllt: gwddf a bron o liw pinc ysgafn; does dim ymylon du ar wyneb isaf yr adain. **Ysguthan:** clytiau gwyn ar yr adain; clwt gwyn ar y gwddf; bron binc. **Turtur Dorchog:** bandyn gwyn ar y gynffon; marc igam-ogam ar ei gwddf. (**Turtur:** bandyn gwyn ar y gynffon; marciau brith ar ei gwddf.)

Gwar llwyd.

Yn aml, camgymerir Jac-y-do am y Frân Dyddyn a'r Ydfran, sy'n adar llawer mwy, er bod gwegil llwyd amlwg ar y Jac. Mae ei alwad hefyd yn nodweddiadol ohono.

Mae'n hoffi coedydd ac adeiladau, ond fe'i gwelir hefyd ar glogwyni'r môr ac i mewn yn y tir, lle bynnag y bo tyllau i nythu ar gael. Yn ôl yr hanes, bydd yn lladrata tlysau gloywon.

Brân Dyddyn: mwy; du drosti. **Ydfran:** mwy, wyneb llwyd.

Pen brown tywyll yn yr haf, coesau coch, a smotiau tywyll ar y clustiau yn y gaeaf.

Pig a choesau coch (gwanio'n oren dros y gaeaf); y cefn ac ochr uchaf yr adain yn llwyd; stribed gwyn llydan ar ymyl flaen ochr uchaf yr adain, gyda'r blaen ei hun yn ddu. Gwelir lliw brown (amrywiol) ar rannau uchaf yr adar ieuainc, a blaen du i'r gynffon.

Cyffredin ger y traethau. O blith yr holl wylanod hon yw'r un a welir fwyaf i mewn yn y tir.

(Gaeaf) **Gwylan y Gweunydd**: pig a choesau gwyrdd-felyn; dim smotyn ar y glust. **Gwylan y Penwaig**: coesau llwyd-binc; dim smotyn ar y glust. **Gwylan Goesddu**: does dim gwyn ar flaen yr adain; coesau duon. (Haf) **Morwennol y Gogledd** a'r **Forwennol Gyffredin**: cap du; cynffon fforchog.

41

Rhesi duon ar y clwt glas disglair ar ei hadain.

Y crwmp gwyn yn amlwg iawn pan fo'n hedfan ymaith; ochr ucha'r adain yn ddu a gwyn, a chlwt glas arni; corff pinc; crib du a gwyn ar y pen, a mwstas du.

Aderyn ofnus a gwyliadwrus; fe'i gwelir gan amlaf pan fo'n hedfan ymaith yn araf a thrwsgl. Cartrefa mewn coedwigoedd, ac mae'n symud yn ystwyth ymhlith y brigau. Bydd yn hercian ar y ddaear. Y mwyaf lliwgar o ddeulu'r brain.

Dim un tebyg.

Galwad hwtian adnabyddus, a galwad hedfan hefyd. Pen mawr iawn.

Y cefn a rhannau ucha'r adenydd yn frycheulyd; y rhannau isaf ac o dan yr adenydd yn llwyd-felyn a rhesi brown arnynt. Smotiau gwyn ar ran ganol yr adain. Llygaid duon, mawr ac adenydd byr, llydain a chrwn; nid oes tusw plu ar y glust.

Tylluan liw nos yn unig. Nid yw'n hedfan liw dydd ond pan derfir arni. Coedydd yw ei hunig gynefin. Ei galwad yw'r 'hw-hw-hw..hw..w..w..' adnabyddus. Bydd yn galw 'cer-wid' pan fo'n hedfan.

(**Tylluan Glustiog:** hedfan liw dydd; oddi tan yr adain yn olau gyda marciau duon.) **Tylluan Wen:** wyneb gwyn neu olau; oddi tan yr adain hefyd yn wyn.

43

GWYLAN Y GWEUNYDD

41 cm ARHOSOL **16 mod**

Larus canus

Cefn llwyd golau a choesau gwyrdd-felyn.

Gwylan fain a'r pen, y bol, o dan yr adenydd, a'r gynffon yn wyn. Blaenau gwyn i brif blu duon yr adain. Nid oes smotyn coch ar ei phig. Gwegil llwydaidd dros y gaeaf. Brown ar gefn y cyw a'r aderyn ieuanc.

Mynycha'r glannau, fel y gwylanod eraill, a hefyd fe'i gwelir i mewn yn y tir, yn arbennig ar dir amaeth a phorfa. Er gwaetha'i henw yn Saesneg, nid hon, mewn gwirionedd, yw'r wylan fwyaf cyffredin.

Gwylan y Penwaig: mwy; ei phig yn gryfach a smotyn coch arni; coesau llwyd-binc. **Gwylan Benddu:** (gaeaf) smotyn du ar y glust; pig a choesau coch; stribed gwyn llydan ar ymyl flaen ochr uchaf yr adain. **Gwylan Goesddu:** dim gwyn ar flaenau'r adenydd; coesau du. **Aderyn Drycin y Graig;** adenydd syth heb flaenau duon; ffroenau fel tiwbiau.

Gwyn ar yr adenydd a chlwt gwyn ar y gwddf. Y fwyaf o'n colomennod.

Y cefn a'r rhan fewnol o'r adain yn llwyd; y pen, y crwmp a'r bol yn llwyd-las; rhan allanol yr adenydd a blaen y gynffon yn ddu; clwt gwyrdd ger y gwyn ar ei gwddf; bron binc. Pan fo uwchben, noder y band gwyn ar draws canol ei chynffon ddu.

Mynycha goedydd, hefyd gerddi a thir amaeth (mewn heidiau anferth weithiau). Cyfyd yn swnllyd o'r ddaear pan derfir arni. Ehediad cyflym a syth. Pan fo'n arddangos, dringa'n uchel a serth, a gleidio i lawr gan ddal ei hadenydd yn syth uwch ei phen.

Colomen Wyllt, Colomen Ddof: dim gwyn ar yr adain na chlwt gwyn ar y gwddf. (**Turtur Dorchog**: dim clytiau gwyn ar ei hadain; marciau igam-ogam ar ei gwddf.)

PIODEN
46 cm ARHOSOL **18 mod**

Pica pica

Plu brith, a chynffon nodedig o hir, siâp lletem.

Mewn gwirionedd, glas tywyll a gwyrdd tywyll yw'r du ar ei phlu. Bol, blaenau'r adenydd a'r ysgwyddau'n wyn.

Aelod o deulu'r brain, hawdd ei adnabod. Mynycha goedydd, llecynnau agored, gerddi a drysni. Bydd yn bwyta popeth ymron, ac mae'n nodedig am ladrata wyau adar mân.

Dim un tebyg.

Du drosti, galwad 'carr'.

Yn wahanol i'r Ydfran, mae plu ym môn y big. Ar ei ehediad gwelir bod blaen y gynffon yn sgwâr, yn hytrach nag ar siâp lletem fel yn achos yr Ydfran.

Carthysydd, yn bwydo ar gelanedd, mamaliaid ac adar bach, llyffaint, pryfed, deunydd llysieuol a grawn. Dyna paham ei bod yn un o'r adar mwyaf cyffredin mewn sawl cynefin.

Ydfran: wyneb llwyd; bôn pig yr oedolyn yn foel; **Jac-y-do**: llai, gwegil llwyd. (**Cigfran**: mwy o lawer — 63.5 cm (25″); galwad 'Prwc'.) **Brân Lwyd** is-rywogaeth; mae'n disodli'r **Frân Dyddyn** yn yr Alban ac Iwerddon; union 'run fath oni bai am ei chefn a'i bol llwyd.

♀

♂

Adenydd duon ac arnynt glytiau llydan, melyn disglair.

Pennau'r oedolion yn goch, gwyn a du. Rhesog frown yw pen yr aderyn ieuanc. Brown yw gweddill y corff, a'r rhannau isaf.a'r crwmp yn olau. Y rhannau hyn yn rhesog ar yr ieuanc. Mae gan bob oed smotiau gwyn ar yr adenydd ac ar flaen y gynffon.

Heidiant yn y gaeaf i.chwilota am hadau ysgall a phlanhigion eraill yn y caeau a'r gerddi. Cân: trydar llithrig. Ehediad i fyny ac i lawr.

Llinos Werdd: clwt melyn ar yr adain; plu melyn allanol i'r gynffon. Dim ond o bellter y gellid ei chamgymryd. (**Pila Gwyrdd**: melyn ar y gynffon.)

GWENNOL Y GLENNYDD

Riparia riparia   4¾ **mod** YMWELYDD HAF **12 cm**

Tebyg i'r Wennol, bar brown ar draws ei bron.

Ar wahân i'r rhannau isaf gwyn, mae'r wennol hon yn frown drosti.

Y lleiaf o'r gwenoliaid a geir ym Mhrydain; mae'r dull o fwydo pan fo'n hedfan yn nodweddiadol o'r teulu hwn. Gwelir y wennol hon yn nythu mewn heidiau niferus mewn tyllau yn y clogwyni tywodlyd, neu mewn torlannau.

Gwennol y Bondo: crwmp gwyn. **Gwennol**: cynffon hir a fforchog; wyneb coch. **Gwennol Ddu**: adenydd siâp pladur; dim rhannau isaf gwyn.

Corun rhesog du a brown, llinell amlwg dros ei lygaid.

Aderyn bach, crwn; rhannau uchaf rhesog a rhannau isaf hufenaidd. Crwmp a chynffon di-liw.

Ei gynefin yw cyrs, llwyni, gwrychoedd a drysni yn agos at ddŵr. Cân uchel iawn sydd yn gras ac yn anfelodaidd. Pan nad yw'n canu, bydd yn llithro'n llechwraidd drwy'r drysni. Bydd yn arddangos ar osgo parasiwt pan fo'n cymharu.

(**Troellwr Bach:** nid yw'r llinell dros y llygaid mor amlwg; cân undonog.) **Teloriaid** eraill: does dim rhesi duon ar y corun; y llinell dros y llygaid heb fod mor amlwg.

Does dim marciau amlwg (does dim llinell drwy ei lygaid, na rhesi ar y cefn a'r corun). Mynycha gorsydd. Sylwer ar yr adar tebyg a nodir isod.

Rhannau uchaf brown cynnes, rhannau isaf melynaidd, a gwddf gwyn. Cynffon gron a choesau tywyll.

Fe'i gwelir gan amlaf yng nghanol gwelyau cyrs a thyfiant arall ger y dŵr ac yn dringo'n aflonydd yn y cyrs. Yn y rhain y bydd yn codi ei nyth crog rhyfeddol. Math ar drydar cras a ailadroddir yw ei gân. Y gân hon yw'r arwydd cyntaf fod yr aderyn gerllaw.

Llwydfron (iâr): gwell ganddi ddrysni a gwrychoedd. **Telor yr Ardd**: tewach; ei gynefin yw coed neu ddrysni; cynffon sgwâr. **Teloriaid** eraill: rhesog, bar ar yr adain neu dros y llygaid.

CLOCHDAR Y CERRIG
13 cm ARHOSOL **5 mod**   *Saxicola torquata*

Pen du drosto gan y ceiliog, a chlytiau gwyn ar ochrau'r gwddf ac ar yr adenydd. Mae'r iâr yn frown a chlytiau golau ar ei hadenydd. Gan amlaf, gwelir pâr gyda'i gilydd.

Rhesi du ar gefn brown y ceiliog, a chrwmp gwyn. Rhannau isaf brown-goch. Lliwiau gloywach yn ystod y tymor nythu. Yr iâr yn llwytach, ac nid oes ganddi farciau ar y pen, y gwddf na'r crwmp.

Fe'i gwelir ar rostir, comin a thir amaeth agored, yn enwedig os oes eithin yn tyfu yno. Yn aml, fe'i gwelir yn sefyll ar ben eithinen neu bolyn ffens. Cyfeiria'r enw at yr alwad, sy'n debyg i sŵn dwy garreg yn taro yn erbyn ei gilydd.

Crec yr Eithin: tebyg i'r iâr; brown gan mwyaf; llinell wen dros y llygaid a gwyn oddi amgylch y bochau. **Tingoch**: cynffon frown-goch; talcen gwyn gan y ceiliog. **Bras y Cyrs**: plu allanol gwyn i'r gynffon; mwstas gwyn gan y ceiliog. (**Gwybedog Brith**: plu allanol gwyn i'r gynffon; du a gwyn yn unig yw'r ceiliog.)

Saxicola rubetra   **5 mod** YMWELYDD HAF **13 cm**

Llinell wen dros y llygad, ac ymyl wen i'r foch. Yr iâr yn llwytach.

Cefn brown a rhesog. Rhannau isaf llwyd-felyn. Ochrau bôn y gynffon yn wyn. Dim ond gan y ceiliog y gwelir y marciau gwyn amlwg ar yr adenydd.

Mynycha wlad agored, ffriddoedd, porfeydd, rhosydd ac eithin. Saif yn unionsyth ar glwydi amlwg, 'run fath â'i gefnder, Clochdar y Cerrig. Ehediad sydyn a byr, o glwyd i glwyd.

Clochdar y Cerrig: pen du gan y ceiliog; does dim plu gwyn ar y gynffon gan y ceiliog na'r iâr. **Telor yr Hesg** a **Theloriaid** eraill: nid yw rhes y llygad yn wyn; does dim plu gwyn ar y gynffon.

Coron a bron y ceiliog yn goch. Clytiau gwyn ar adenydd yr iâr ac fe'i gwelir gan amlaf yng nghwmni'r ceiliog.

Pen llwyd-frown, cefn brown a rhannau isaf llwyd-felyn gan y ceiliog. Mae'r iâr yn llwytach, ac yn rhesog oddi tani. Gwelir gwyn ar gynffon y ceiliog, y iâr a'r adar ieuainc. Hollt amlwg ym mlaen y gynffon.

Niferus ar dir amaeth ac ar gomin. Mae ei ehediad i fyny ac i lawr a hefyd y trydar di-ddiwedd pan fo'n hedfan yn nodweddion amlwg. Fe'i gwelir yn aml mewn haid yng nghwmni Llinos Werdd a Nico.

(**Llinos Bengoch**: smotyn du o dan yr ên.) **Llinos y Mynydd**: braidd dim gwyn ar yr adain a'r gynffon; crwmp pinc gan y ceiliog.) **Y Binc**: dau far gwyn ar yr adain.

Corun brown fel siocled a smotyn du ar y foch.

Cefn brown, rhesog, bochau llwyd golau a bib bach du. Rhannau isaf llwyd golau.

Yn wahanol i Aderyn y To, aderyn y wlad yw'r Golfan gan amlaf, ac mae'n fwy swil hefyd.

Aderyn y To: llwyd-frown; does dim marc ar ei foch. **Llwyd y Gwrych**: siâp gwahanol; pig fain; does dim bochau golau ganddo.

♀

♂

Gwddf gwyn ac adenydd brown-goch.

Cap llwyd gan y ceiliog, a gwawr binc ar ei rannau isaf golau. Cap brown gan yr iâr a rhannau isaf golau. Cefn brown a chynffon hir gan y ceiliog a'r iâr. Mae plu allanol gwyn i'r gynffon ond maent yn anodd i'w gweld.

Ei hoff gynefin yw tyfiant trwchus fel danadl poethion, mieri, neu wrychoedd. Hediad byr, herciog, gan ddisgyn ar ei ben i'r drysni.

(**Llwydfron Fach**: nid yw'r adenydd yn frown-goch; masg du o gwmpas ei lygaid.) **Telor Penddu** (iâr): nid yw'r gwddf yn wyn. **Telor y Cyrs**: tebyg i iâr Llwydfron ond gwell ganddo gynefin gwlyb. **Telor yr Ardd**: adenydd llwyd-frown; gwddf llwyd. **Teloriaid** eraill a'r **Gwybedogiaid**: llinellau ar y llygaid a/neu farrau ar yr adenydd.

Cap du a chrwmp gwyn.

Cefn llwyd a bron binc ddisglair gan y ceiliog. Gwegil llwyd, cefn a bron frown gan yr iâr. Mae gan y ddau gynffonnau ac adenydd duon, ynghyd â bar gwyn aneglur ar yr adain; pig gref. Tebyg i'r iâr yw'r adar ieuainc, ond heb gap du.

Bydd yn bwyta blagur coed ffrwythau, ac mae'n blagus iawn yn y perllannau. Defnyddia'r big gref hefyd i dorri hadau. Yn aml, fe'i gwelir mewn coedydd a gerddi tawel.

(**Pinc y Mynydd**: tebyg dim ond pan fo'r crwmp gwyn yn amlwg ar ei ehediad; dim cap du; bron oren.) **Telor Penddu**: nid ydyw'r crwmp yn wyn. **Titw'r Wern** a **Thitw'r Helyg**: nid yw'r crwmp yn wyn. **Tingoch** (ceiliog): nid yw'r crwmp yn wyn.

57

♂ ♀

Siâp y llythyren 'T' mewn du, a'i phen i lawr, ar y crwmp a'r gynffon wen.

Masg du, ael wen, corun a chefn llwyd gan y ceiliog. Rhannau uchaf brown gan yr iâr, a llinell olau dros ei llygaid. Rhannau isaf y ddau yn felynwyn, a'u hadenydd yn ddu-frown.

Saif yn syth; aderyn hardd a phatrwm amlwg ar ei blu. Mynycha dir llwm fel ffriddoedd, rhosydd a chloddiau. Sigla'i gynffon fel y Sigl-di-gwt.

Tingoch: nid yw ei grwmp yn wyn ac nid oes patrwm brith ar ei gynffon. **Crec yr Eithin:** does dim crwmp gwyn ganddo na chynffon fraith.

Barrau gwyn, dwbl, ar yr adenydd, a phlu allanol, gwyn i'r gynffon, sy'n amlwg pan fo'n hedfan.

Corun llwyd-las, cefn brown-goch, wyneb pinc a bron binc gan y ceiliog. Cefn, wyneb a bron yr iâr yn wyrdd-frown. Crwmp gwyrdd, cynffon ac adenydd duon gan y ddau.

Aderyn mwyaf cyffredin gwledydd Prydain. Niferus ar dir amaeth, mewn coedydd, gerddi a gwrychoedd. Ffurfia heidiau mawr dros y gaeaf. Hedfana i fyny ac i lawr.

(**Pinc y Mynydd**: crwmp gwyn, bron oren.) **Coch y Berllan**: crwmp gwyn; cap du. **Llinos**: dim barrau gwyn ar yr adenydd. (**Llinos y Mynydd**: dim barrau ar yr adenydd.) **Aderyn y To** (iâr): un bar ar yr adain; dim gwyn ar y gynffon.

Mwstas gwyn, amlwg, a phlu allanol, gwyn, i'r gynffon.

Coler wen, pen a gwddf du gan y ceiliog. Pen brown, gwddf golau a rhes wen dros lygaid yr iâr. Cefn brown, rhesog gan y ddau ohonynt, a rhesi amlwg ar eu rhannau isaf, golau. Yr adar ieuainc yn debyg, ond yn fwy melynaidd.

Mae'n hoffi tiroedd gwlyb fel corsydd, gwelyau cyrs a chaeau llaith. Fe'i gwelir hefyd ar rostir a thir amaeth. Yn aml gwelir ef yn sefyll ar dyfiant uchel.

(Iâr **Bras Ffrainc:** melynach, heb fwstas gwyn.) (**Brâs yr Ŷd**: does dim plu allanol, gwyn, i'r gynffon. Iâr **Bras Melyn:** melynach; crwmp browngoch. **Corhedydd y Waun:** meinach, heb fwstas; noder—mae galwad tebyg ganddo.

CORHEDYDD Y WAUN

Anthus pratensis   6 mod ARHOSOL 15 cm

Tebyg i Fronfraith fach gyda phlu allanol gwyn i'r gynffon, a galwad 'tsip' gwan.

Rhannau uchaf brown, rhesi tywyllach. Bron olau, resog. Coesau pincaidd, ac ewinedd hir i'r bodiau ôl.

Niferus yn y wlad agored, a gall wrthsefyll tywydd enbyd. Ehediad ansicr a bydd yn siglo'i gynffon pan fo'n cerdded. Heidia yn y gaeaf.

(**Corhedydd y Coed**: bron felen; galwad gryfach, 'tî si'.) **Corhedydd y Graig**: mwy ei faint gyda phlu tywyllach; coesau tywyll. **Ehedydd**: mwy swmpus ac mae ganddo grib.

Pen melyn a chrwmp brown-goch.

Cefn brown rhesog, plu allanol gwyn i'r gynffon. Y rhannau isaf yn felynaidd ac yn rhesog. Mae'r iâr, gan amlaf, yn fwy llwyd na'r ceiliog.

Cyffredin ar dir amaeth, gwrychoedd a thir comin. Gwelir heidiau anferth ar gaeau sofl yn ystod yr hydref. Cân adnabyddus—didididi dîî—yn darfod ar un nodyn sy'n llusgo.

(**Bras Ffrainc:** crwmp gwyrdd-frown.) **Bras y Cyrs** (iâr): dim lliw melyn na chrwmp brown-goch.

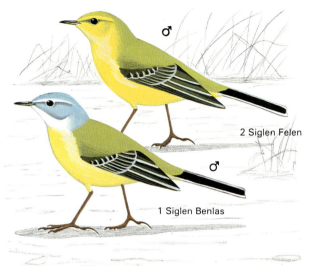

2 Siglen Felen

1 Siglen Benlas

1: is-rywogaeth Canol Ewrop (*M. f. flava*)
2: is-rywogaeth Gwledydd Prydain (*M. f. flavissima*)

Pen llwyd-las a gwddf gwyn (1); wyneb melyn, disglair (2);
Cynffon hir yn cael ei siglo'n ddi-baid sy'n nodweddiadol o'r
teulu.

Siglen Felen: bron felen; llinell amlwg dros y llygaid, y cefn a'r
crwmp yn llwyd-wyrdd. Plu gwyn ar ymylon allanol y gynffon
ddu. Is-rywogaeth Gwledydd Prydain yw'r Siglen Felen.

Mynycha gynefin gwlyb, gweithfeydd carthffosiaeth neu gaeau
gwlybion lle ceir digonedd o bryfed. Weithiau, fe'i gwelir ar
rostir gweddol sych. Fel Siglennod eraill, gwelir hwy yn siglo'u
cynffon, yn rhedeg yn wyllt, ac yn hedfan i fyny ac i lawr.

Siglen Lwyd: cefn a wyneb llwyd.

Rhannau uchaf glas disglair.

Y bochau a'r rhannau isaf yn frowngoch. Y gwddf a'r ochrau'n wyn. Mae'r big siâp picell yn edrych yn afrosgo ar gorff mor fyr a thew.

Chwiliwch amdano ger unrhyw ddyfroedd croyw, a ger dŵr hallt hefyd ambell dro. Bydd yn plymio oddi ar glwyd i ddal y pysgod sy'n ymborth iddo. Bwyda ar bryfed hefyd. Gwna ei nyth mewn twnnel, gan amlaf mewn torlan afon.

Dim un tebyg.

Tebyg i Fronfraith fach, ond mae gan yr Ehedydd grib, a phlu gwyn allanol i'r gynffon.

Rhesi duon ar y rhannau uchaf brown. Rhannau isaf golau, a rhesi duon ar y fron. Cynffon frown eithaf hir, a'r plu allanol yn wyn.

Fe'i ceir yn gyffredin yn y wlad agored ac mae'n enwog am ei chân hir faith. Cyfyd yn uchel iawn i'r awyr gan 'hongian' yn ddisymud tra'n tywallt ffrwd o delori pêr. Hedfana mor uchel ambell dro fel ei bod yn diflannu o'r golwg yn yr entrychion.

Y cyfan o'r **Corhedyddion**: cyrff meinach; dim crib.

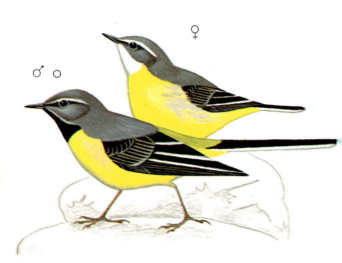

Wyneb llwyd a chynffon hynod o hir a honno'n cael ei hysgwyd yn ddi-baid.

Cefn llwyd, crwmp melynwyrdd, plu allanol gwyn i'r gynffon ddu. Plu melyn o dan y gynffon; rhannau isaf eraill yn felyn dros y gwanwyn a'r haf, ond gwyn neu lwyd-felyn yn yr hydref a'r gaeaf. Ceiliog: bib du, a bar gwyn ar ei adain. Iâr: bib gwyn.

Gan amlaf ger nentydd. Mae siglo'r gynffon yn nodweddiadol o'r teulu hwn; hefyd yr ehediad gwyllt i hela pryfed a'r symudiad i fyny ac i lawr.

Siglen Felen: cefn llwyd-wyrdd.

SIGLEN FRAITH · SIGLEN WEN
Motacilla alba   **7 mod** ARHOSOL **18 cm**

2 Siglen Fraith ♂

1 Siglen Wen ♂

1: is-rywogaeth Canolbarth Ewrop (*M. a. alba*)
2: is-rywogaeth Gwledydd Prydain (*M. a. yarrelli*)

Plu du, gwyn a llwyd a chynffon hir, sy'n cael ei hysgwyd yn ddi-baid.

Mae gan y Siglen Wen wyneb gwyn; y corun, y gwegil, a'r bib yn dywyll; cefn llwyd a rhannau isaf gwyn, a phlu allanol gwyn i'r gynffon ddu. Y Siglen Fraith gefn-ddu (ceiliog yn unig) a geir yn gyffredin yng Ngwledydd Prydain ac nid y Siglen Wen Ewropeaidd.

Tir agored lle bynnag y ceir pryfed. Hedfana i fyny ac i lawr, ac yn wyllt i bob cyfeiriad, pan fo'n hela pryfed. Ar y ddaear fe'i gwelir am yn ail yn siglo'i chynffon ac yna'n rhuthro i ddal pryfyn.

(**Gwybedog Brith**: cynffon fyrrach o lawer; saif yn syth iawn.)

BRONWEN Y DŴR

18 cm ARHOSOL **7 mod** *Cinclus cinclus*

Aderyn crwn; brown a gwyn.

Ymddengys yn ddu, ond browngoch tywyll yw'r pen a'r bol.
Brown-ddu yw'r gweddill, ar wahân i'r fron a'r gwddf sy'n wyn.

Trig ger afonydd a nentydd cyflym. Bydd yn hela pryfed ar
wyneb y dŵr ac o dan yr wyneb. Gall gerdded ar wely'r nant, yn
erbyn y llif, gan ddefnyddio'i adenydd i'w ddal ei hun i lawr.
Hefyd, bydd yn 'moesymgrymu' yn aml.

Dim un tebyg.

GWENNOL

Hirundo rustica   7½ **mod** YMWELYDD HAF **19 cm**

Wyneb coch a chynffon hir, fforchog.

Cefn du-las a gwawr binc ar y rhannau isaf gwyn. Band glas am y gwddf a bochau glas yn ymylu'r wyneb coch. Smotiau gwyn ar wyneb uchaf plu'r gynffon, a chlytiau ar yr wyneb isaf.

Gall hedfan yn acrobataidd gan droi a throsi i gipio pryfed, fel arfer yn glòs at y ddaear. Yn aml nytha oddi mewn i adeiladau amaethyddol.

Gwennol y Bondo: crwmp gwyn. **Gwennol y Glennydd:** bar brown ar y fron; rhannau isaf gwyn. **Gwennol Ddu:** brown drosti; adenydd siâp pladur.

Y brown fel 'cyfrwy' am ei wddf.

Cefn brown, anarferol i'r rhydyddion. Rhannau isaf gwyn a bron resog. Gwelir bar gwyn amlwg ar yr adenydd pan fo'n hedfan. Lliw brown yn rhannu'r crwmp gwyn a'r plu gwyn ar ochrau'r gynffon.

Ehediad isel, stiff, ar ei adenydd crwm a churiadau cyflym a bas sy'n unigryw ym myd y rhydyddion; hefyd ei arferiad o siglo'i gynffon fel Sigl-di-gwt. Galwad clir, 'twî-sî-sî'. Haf: cartefa'n agos at ddŵr. Gaeaf: ceir nifer fechan ger yr aberoedd a'r glannau.

(**Pibydd y Graean**: does dim canol du i'r gynffon na bar ar yr adenydd.) (**Pibydd Gwyrdd**: cefn tywyll; crwmp gwyn; dim bar ar ei adenydd.)

Lliw coch, disglair ar ei hystlys ac o dan ei hadenydd.

Nodweddiadol o deulu'r Fronfraith oherwydd ei bron frycheulyd. Rhes wen, amlwg, dros y llygaid yw'r nodwedd amlycaf.

Ymwelydd gaeaf sy'n heidio ar dir agored a gerddi eang gan hela aeron a ffrwythau, pryfed a phryfed genwair. Fe'i gwelir yn aml yng nghwmni'r Socan Eira.

Bronfraith: dim rhes wen dros y llygaid; o dan yr adain yn oren. **Brych y Coed:** mwy ei faint heb res dros y llygaid; o dan yr adain yn wyn; plu allanol gwyn i'r gynffon. **Socan Eira:** pen llwyd; cefn brown; crwmp llwyd; o dan yr adain yn wyn.

Pen llwyd, cefn brown, a chrwmp llwyd.

Bronfraith fawr a chanddi'r fron frycheulyd arferol. Cynffon ddu; wyneb isa'r adain yn wyn; gwddf a rhan ucha'r fron yn euraidd. Wyneb ucha'r adain yn frown tywyll.

Heidia'n gyson, yn aml yng nghwmni'r Coch-dan-aden. Mynycha ganol caeau, yn enwedig porfeydd llaith.

Brych y Coed: y corun, y cefn a'r crwmp yn frown. **Bronfraith**: llai; oren o dan yr adain. **Coch-dan-aden**: o dan yr adain yn goch; llinell olau amlwg dros y llygaid.

Ehediad 'igam-ogam', a galwad o ddychryn, 'scâp'.

Rhesi llwyd-felyn a du ar y cefn brown. Bol gwyn. Marciau tywyll ar y fron a'r ystlysau llwyd-felyn. Corun du a rhesi llwyd-felyn arno. Rhesi duon ar y gynffon frown. Pig hir a syth, tua chwarter hyd y corff.

Tiroedd gwlyb i mewn yn y tir, a chorsydd hallt ger y glannau. Swil; cuddliw rhagorol. Fe'i gwelir gyntaf pan gwyd yn wyllt o'r tyfiant. Ehediad arddangos amlwg yn y gwanwyn, yn plymio i lawr a phlu'r gynffon yn crynu i gynhyrchu sŵn 'drymio'.

(**Gïach Fach:** digon tebyg ond yn llai; cyfyd i'r awyr yn ddistaw; ehediad mwy byr ac unionsyth.) (**Cyffylog:** mwy ei faint; nid yw'n heidio; mynycha goedydd.)

Bach o ran maint ac iddi siâp arbennig. Yn yr haf, bôn melyn i'r big.

Haf: brown tywyll a bochau a gwddf browngoch. Cynffon bwt, ac yn aml yn flewog yr olwg. Gaeaf: y plu'n oleuach, a'r browngoch yn troi'n llwyd-felyn. Ei hochrau hefyd yn llwyd-felyn.

Mynycha unrhyw ddŵr llonydd a thawel. Er ei fod yn aderyn cyffredin, nid yw'n hawdd ei weld am ei fod mor llechwraidd. Plymia'n aml i fwydo.

(**Gwyach Yddfddu**: haf — tusw o blu euraidd ar y glust; gaeaf — gwddf du a llwyd; y pig yn troi ar i fyny.)

Adenydd llydain ac iddynt flaenau crynion; rhannau isaf y corff yn rhesog.

Rhannau uchaf llwydlas gan y ceiliog, a rhannau isaf browngoch; mae'n llai (28 cm/11 mod) na'r iâr (38 cm/15 mod). Rhannau uchaf brown gan yr iâr a rhesi amlwg ar ei chynffon. Oddi tani'n olau. Ael wen. Coesau melyn gan y ddau.

Gwelir ef amlaf yn ymyl coed; mae'n hoffi gwlad agored (tir amaeth) llwyni a gwrychoedd. Hedfana'n isel gan gipio adar mân a mamaliaid bychain ambell dro. Bydd yn cylchdroi, ond byth yn hofran. Hela drwy ddilyn gwrych, a saethu drosto i gipio prae.

Bwncath (ac **Eryr**): mwy o lawer; cynffonnau byr. **Cudyll Coch** (ac adar eraill tebyg): adenydd pigfain. **Cudyll Coch**: hofran. (**Teulu'r Bod**: adenydd cul a hir.) (**Barcud**: cynffon fforchog.)

PETRISEN

30 cm ARHOSOL **12 mod**

Perdix perdix

Wyneb oren-goch, gwddf a bron llwyd golau.

Nodweddiadol o aderyn gêm; crwn, siâp cyw-iâr. Brown gyda rhesi llwyd-felyn yw'r cefn, rhan ucha'r adain, y crwmp a rhan o'r gynffon. Mae rhan allanol y gynffon, a'r clwt siâp pedol ar ei bol yn frown-goch. Barrau browngoch ar yr ystlys; oddi tani'n llwyd golau.

Aderyn swil iawn, i'w weld gan amlaf mewn heidiau bychain ar dir amaeth, neu ambell dro ar rosydd. Hawdd dychryn y betrisen—bydd yn codi a'i hadenydd yn curo'n wyllt. Dodwya nifer enfawr o wyau, hyd at 20, yng nghysgod gwrych.

Petrisen Goesgoch: ymddengys yn debyg o hirbell: wyneb gwyn; 'mwclis' du. **Grugiar:** cochfrown drosti.

Crib hir, adenydd llydain, crwn. Curiadau llafurus pan fo'n hedfan.

Gwyrdd tywyll a gwyn yw ei lliwiau er yr ymddengys yn ddu a gwyn o bellter. Oren o dan y gynffon.

Galwad iasol braidd, 'piwit'. Yn aml bydd yn galw pan fo'n arddangos drwy droi a throsi yn yr awyr. Heidia yn y gaeaf ar dir agored a thir amaeth. Aelod o deulu'r Cwtiad. Fel eraill o'r teulu, bydd tir corsiog wrth ei bodd yn y tymor nythu.

Dim un tebyg.

IÂR DDŴR

33 cm ARHOSOL **13 mod**

Gallinula chloropus

Rhes wen ar yr ystlys.

Brown tywyll, ac nid du, yw ei phlu, mewn gwirionedd. Noder y darian goch ar ei thalcen a'r plu allanol gwyn i'r gynffon.

Mynycha amrywiaeth o ddyfroedd, pyllau bychain yn ogystal â chronfeydd mawr o ddŵr. Mae'n hawdd ei chynhyrfu, a dengys ei phryder drwy chwipio'i chynffon i ddangos plu gwyn ymylon y gynffon.

Cwtiar: tarian wen; dim rhesi gwyn ar yr ystlysau.

Ymylon du i wyneb ucha'r adenydd, ond nid i'r wyneb isaf.

Nid oes marciau gwyn arni. Lliw llwyd, di-nod, ond am flaen du'r gynffon. Clwt gwyrdd ar y gwddf a bron binc.

Mynycha goedydd a gwlad agored. Ehediad syth a chyflym. Yn aml, fe'i gwelir mewn heidiau ar dir amaeth.

Colomen Ddof: gan amlaf heb binc ar ei bron; border du o dan yr adain yn hytrach nag ar yr wyneb uchaf. **Ysguthan:** clytiau gwyn ar yr adain. **Turtur Dorchog:** coler ddu igam-ogam. (**Turtur:** marciau brith ar ei gwddf.)

CUDYLL COCH

33-36 cm ARHOSOL **13-14 mod**

Falco tinnunculus

♀

♂

Gellir ei weld yn hofran am gyfnodau hir.

Adenydd pigfain, a chynffon hir. Pen, crwmp a chynffon y ceiliog yn llwydlas. Smotiau duon ar ei gefn ac ar ran fewnol yr adain. Blaen y gynffon a rhan allanol yr adain yn ddu. Brown yw rhannau uchaf yr iâr, gyda barrau duon. Blaen ei chynffon yn ddu.

Dosbarthiad eang ym mhob math o dirwedd. Dysgodd fyw mewn trefi a dinasoedd, ac ar ymylon traffyrdd.

Cudyllod eraill: adenydd llydain, blaengrwn. **Bwncath** (ac **Eryr**): mwy o faint o lawer. (Teulu'r **Bod**: mwy o faint o lawer.) (**Barcud**: cynffon fforchog.) Ni fydd **Cudyllod** eraill yn hofran.

80

Rhes ddu drwy'r llygaid ac am y gwddf.

Aderyn gêm nodweddiadol: siâp crwn fel cyw-iâr. Wyneb gwyn. Rhannau uchaf brown, rhannau allanol y gynffon yn frown-goch. Bol llwyd-felyn. Y fron a rhan fwyaf wyneb isaf yr adain yn llwyd. Barrau du, gwyn a choch tywyll ar ei ochrau. Pig a choesau coch.

Fel y Betrisen, yn byw mewn heidiau bychain ar dir amaeth; hefyd ar dir grugog, ac ar dwyni tywod yr arfordir ambell dro. Gwyliadwrus iawn; tuedda i redeg yn hytrach na chodi ar ei adain. Dodwya hyd at 16 o wyau mewn pant wedi'i grafu yng nghysgod tyfiant.

Petrisen: tebygrwydd o bellter; wyneb oren; gwddf llwyd; nid oes rhimyn du ar ei gwddf llwyd; pedol ar ei bol. **Grugiar**: browngoch drosti.

Tylluan a'i rhannau isaf yn gwbl wyn, heb farciau.

Rhannau uchaf yn oren a llwyd-felyn gyda brychni. Wyneb gwyn, siâp calon.

Fe'i ceir yn aml yn nythu ac yn clwydo mewn hen adeiladau yng nghefn gwlad. Mynycha goedydd a thir corsiog. Aderyn y nos, i'w weld gan amlaf pan fydd yn tywyllu. Ehediad ysgafn, hamddenol, ac yn gleidio nawr ac yn y man.

Tylluanod eraill: rhannau isaf tywyll neu resog.

1: Is-rywogaeth Gogledd Ewrop (*L. l. lagopus*)
2: Is-rywogaeth yr Alban (*L. l. scoticus*)

Aderyn gêm: siâp crwn cyw-iâr a chanddo draed pluog, gwyn.

Mae'r lliw yn amrywio o blu gwyn Grugiar yr Helyg yn y gaeaf i'w phlu haf brown-goch a gwyn (1) ac yna'r Grugiar sydd yn frown-goch drosti. Mae gan y ceiliog glwt coch dros y llygaid.

Cyffredin ar rostir grugog, a hefyd ar gorsydd a rhosydd yr iseldir. Mae llawer o hela ar y Grugiar a'r tymor hela'n cychwyn ar Awst 12fed. Hedfana'n gryf ac yn isel, gan guro'i adenydd yn gyflym a gleidio ar yn ail.

Petrisen: wyneb oren-goch; gwddf llwyd. **Petrisen Goesgoch:** wyneb gwyn; rhesen ddu ar draws ei bron.

Y lleiaf o'r hwyaid; 'ffenestri' ar yr adenydd gwyrdd a du, a
barrau gwyn hefyd a'r rheiny'n amlwg o flaen y 'ffenestri' ond
yn aneglur y tu ôl iddynt.

Y marlad: clwt gwyrdd o amgylch y llygaid; pen browngoch; cefn,
adenydd ac ochrau llwyd; bron lwyd-felyn gyda brychni; triongl melyn
o dan y gynffon. Pan fo'n gorffwys, gwelir llinell wen uwchben yr
adain. Iâr: melynfrown; rhannau isaf yn oleuach, a brycheulyd.

Curiad adenydd cyflym, a hedfanwr cyflym. Yn aml, gwelir heidiau
mawr, yn troi a throsi'n gyflym pan fônt yn hedfan. Mynycha diroedd
gwlyb, corsiog yn ystod y tymor nythu a llynnoedd, cronfeydd a
gweithfeydd carthffosiaeth weddill y flwyddyn.

Dim un tebyg.

Tarian wen ar ei thalcen.

Du drosti ar wahân i'r coesau a'r traed rhannol weog, sy'n wyrdd.

Treulia fwy o'i hamser ar y dŵr na'r Iâr Ddŵr. Mynycha ddyfroedd eang. Mae'n hoffi cwmni ei thebyg, ac yn y gaeaf gwelir heidiau ar lynnoedd a phyllau graean.

Iâr Ddŵr: rhesi gwyn ar yr ystlys; tarian goch ar ei thalcen.

Yr unig hwyaden sydd â chrib (mae'r grib yn amlycach yn y marlad).

Du drosto yw'r marlad, ac eithrio'i ystlysau gwyn. Yr iâr: tebyg i'r marlad o ran ei phlu ond yn fwy brown, a'r patrwm yn aneglur. Weithiau, bydd ganddi farc bach gwyn ym môn ei phig. Bar gwyn ar adenydd y ddau, sy'n amlwg pan fônt yn hedfan.

Niferus ar ddyfroedd agored. Plymio i hela'i thamaid. Ymuna'n heidiau â hwyaid eraill yn ystod y gaeaf ar byllau a chronfeydd dŵr.

Dim un tebyg.

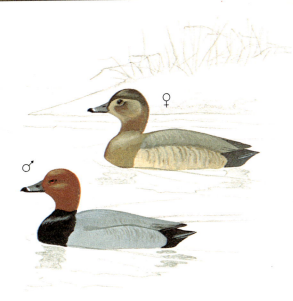

Pen brown-goch, bron ddu, a band glas am big y marlad. Plu'r iâr yn weddol debyg, ond yn llwytach o lawer. Mae ganddi hithau fand glas am ei phig.

Gweddill y big yn ddu. Nid oes marciau amlwg ar yr adenydd (dim ond bar llwydaidd.) Marlad: cefn ac ystlys llwyd golau; y crwmp ac o dan ei gynffon yn ddu. Iâr: brown ond tebyg i'r marlad o ran patrwm. Band llwydfelyn am fochau'r iâr.

Mynycha ddyfroedd araf, yn enwedig llynnoedd a chronfeydd. Mae hon yn hwyaden sy'n plymio. Pan fo'n codi oddi ar y dŵr, bydd yn rhedeg ar wyneb y dŵr.

(**Chwiwell:** corun llwyd-felyn; nid yw ei bron yn ddu.) Ieir **Hwyaid** eraill: nid oes ganddynt big ddu na bandyn glas am y big.

Du drosti, a wyneb llwyd golau.

Yn wahanol i'r Frân Dyddyn, mae ganddi wyneb llwyd (ac eithrio'r adar ieuainc). Noder hefyd y big feinach, ei safiad sythach, y plu blêr ar ei chluniau a'r gynffon siâp lletem pan fo'n hedfan.

Tir amaeth gan amlaf, a hefyd ar wlad agored a rhosydd. Gwelir nifer o nythod, sef y franas, yn agos at ei gilydd mewn llwyn o goed.

Brân Dyddyn: wyneb du; 'câr'. **Jac-y-do**: gwegil llwyd; llai. (**Cigfran**: cryn dipyn yn fwy ei maint; galwad 'prwc'.)

Gwddf gwyn a thusw du ar y glust (mae'r tusw hwn yn fach yn y gaeaf).

Pig hir, fain; gwddf hir a chefn llwyd. O'r braidd y mae ganddi gynffon. Haf: ffril browngoch y tu ôl i'r bochau ac oddi tanynt. Bydd y tusw clust yn dod yn fwy amlwg hefyd. Gaeaf: y tusw'n llai, heb ffrils a gwawr binc ar y big.

Mynycha ddyfroedd eang, cronfeydd dŵr, pyllau graean a llynnoedd. Nytha yn y tyfiant ar lan y dŵr.

Dim un tebyg.

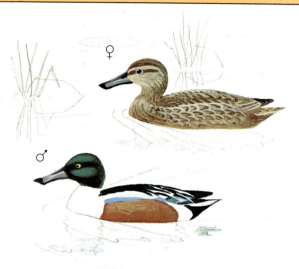

♀

♂

Pig amlwg, nodweddiadol. Ymyl flaen las i'r adain; hefyd 'ffenest' werdd a bar gwyn.

Y marlad: pen gwyrdd; bron, blaen y gynffon a rhan o'i gefn yn wyn. Ystlys a bol browngoch; canol ei gefn yn frown tywyll, ei grwmp ac o dan ei gynffon yn ddu. Brown brycheulyd drosti yw'r iâr.

Nofia'n gyflym, gan ddal ei phen yn isel i hidlo'i bwyd oddi ar wyneb y dŵr. Os caiff ei tharfu, bydd yn codi'n syth ar i fyny o'r dŵr.

Hwyaden yr Eithin: mwy o faint; band llydan ar draws ei bron; pig normal. **Hwyaid** eraill i gyd: does dim pig fawr lydan ganddynt.

Cynffon frown a barrau cul arni.

Hofran yn rhwydd ar adenydd syth. Cynffon lydan a chrwn pan fo ar agor. Gwddf byr iawn. Blaenau'r adenydd yn grwn a'r plu mawr fel bysedd ar led. Cefn brown; oddi tano yn oleuach a rhesog.

Mynycha diroedd diarffordd ar y bryniau a'r rhosydd yng Nghymru, gorllewin Lloegr a'r Alban. Fe'i gwelir yn aml ar bolyn ffens neu bolyn teligraff.

(**Eryr Aur**: y pen a'r gwddf yn ymestyn yn hwy; mwy ei faint sef 30-34 mod/76-86 cm; fe'i ceir dim ond yng ngogledd yr Alban.) (**Bod Bacsiog**: cynffon wen a band ar ei blaen; mudol drwy ogledd yr Alban a glan y môr dwyrain Lloegr.) (**Bod y Mêl**: blaen du i'r gynffon wen; ymwelydd haf.)

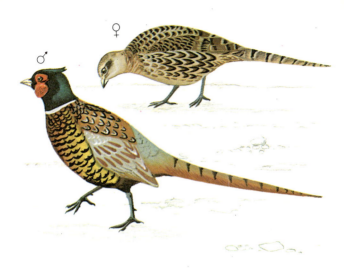

Cynffon arbennig o hir.

Pen gwyrdd gan y ceiliog a chribau coch ar yr wyneb; coler wen, corff aur-frown, a marciau hanner-lleuad duon ar y fron a'r ystlys. Melynfrown drosti yw'r iâr, yn oleuach oddi tani. Mae lliwiau'r ceiliog a'r iâr yn amrywio. Mae'r gynffon hir yn rhesog.

Fe'i gwelir gan amlaf ar dir amaeth; hefyd mewn coedydd ac ar dir agored.

Dim un tebyg.

'Ffenest' borffor (band o liw ar yr adain fewnol) ac ymylon gwyn iddi.

Marlad: pig felen, pen gwyrdd gloyw a gwddf gwyrdd. Hefyd, coler wen, bron frown, cefn ac adenydd llwydfrown. Plu cyrliog yn y gynffon. Iâr: pig frown a'r gweddill o'i phlu (ac eithrio'r 'ffenest' yn yr adain) yn gymysgfa o frown, melynwyn a du.

Dyma'r hwyaden fwyaf cyffredin yn Ewrop. Bydd yn bwydo ar wyneb dŵr araf. Bu cryn ddefnyddio arni i fagu a chroesi bridiau; un brid a ffurfiwyd yw'r hwyaden Aylesbury wen. Bydd croesi hon efo'r Hwyaden Wyllt Gyffredin yn creu cryn amrywiaeth yn eu cywion.

(**Hwyaden Frongoch:** 'ffenest' wen; crib.) **Hwyaden Lydanbig:** pig fawr a llydan. **Hwyaid** eraill i gyd: does dim 'ffenest' borffor ganddynt.

93

CRËYR GLAS

90 cm ARHOSOL **35 mod**

Ardea cinerea

Adenydd a chefn llwyd.

Coesau, gwddf a phig hir. Y llinell ddu drwy'r llygaid yn ymdoddi i'r grib. Blaenau du i'r adenydd. Ehediad pwyllog, hamddenol gyda'r gwddf wedi ei blygu'n ôl rhwng yr ysgwyddau, a'r coesau'n ymestyn yn ôl.

Fe'i ceir bob amser yn ymyl dŵr—ffosydd, pyllau, llynnoedd ac afonydd. Saif yn llonydd gan aros i bysgodyn ddod yn agos ato. Dosbarthiad eang.

Dim un tebyg.

Gŵydd a chanddi glwt gwyn ar ei hwyneb a chefn brown.

Pen a gwddf du. Adenydd a bol brown. Crwmp gwyn a bron wen. Cynffon ddu.

Daethpwyd â'r gwyddau gwreiddiol i Brydain gan ddyn. Dosbarthiad eang, er nad yw'n niferus iawn. Adnabyddus am fod y patrwm ar y plu'n arbennig iawn ac am eu bod yn hoffi pyllau bychain. Weithiau, yn y gaeaf, gwelir heidiau mawr yn pori ar borfeydd a chorsydd.

(**Gŵydd Wyran**: yr wyneb i gyd yn wyn; cefn llwyd.) (**Gŵydd Ddu**: llai o faint o lawer; pen tywyll; clwt gwyn hanner y ffordd i lawr y gwddf.) (**Gwyddau** eraill: nid oes gwyn ar eu hwynebau.)

Aderyn anferth, gwyn a chanddo big oren-goch.

Lwmp du ym môn y big, yn fwy ar y ceiliog. Coesau du. Y corff (heb y gwddf) tua 76 cm (30 mod).

Cyffredin ar ddyfroedd araf, agored. Mae tro-'S' gosgeiddig y gwddf yn dra gwahanol i elyrch eraill, prinnach. Pan fo'n hedfan clywir curiad swnllyd yr adenydd dros bellter mawr.

(**Alarch Bewick** a hefyd **Alarch y Gogledd**: pig felen a du; y gwddf yn fwy unionsyth.)

CORHEDYDD Y GRAIG

Anthus spinoletta 6½ mod ARHOSOL **17 cm**

Tebyg i Fronfraith fach. Plu llwyd ar ymylon allanol y gynffon. Dim ond ar draethau creigiog y'i gwelir.

Brown tywyll, a rhesi tywyllach ar ei rhannau uchaf. Bron oleuach a rhesi tywyll. Coesau tywyll iawn.

Mynycha draethau creigiog gan hela pryfed ar wymon sydd allan o'r dŵr ac wedi ei adael ar y traethau. Aelod gwahanol o'r rhywogaeth hon yw Corhedydd y Dŵr sy'n llai cyffredin ac yn cartefu ar lethrau mynyddoedd y Cyfandir.

Corhedydd y Waun: goleuach; plu allanol gwyn i'r gynffon; coesau golau. (**Corhedydd y Coed:** bron felynach; galwad 'tîsi'.) **Ehedydd:** mwy o gorff; crib.

97

Dros yr haf, bol du; yn y gaeaf, cefn llwyd-frown. Pig hir sy'n gwyro ar i lawr. Heidiau anferth yn yr aberoedd yn y gaeaf.

Dros yr haf, rhannau uchaf browngoch â marciau duon. Rhannau uchaf llwyd-frown yn y gaeaf. Llwyd golau yw lliw ei fron a hefyd y rhesi ar ei rannau isaf gwyn. Pan fo'n hedfan, boed haf neu aeaf, bydd bar gwyn amlwg ar ei adain a du yn rhannu'r crwmp gwyn.

Dyma'r mwyaf cyffredin o deulu'r rhydyddion ym Mhrydain. Un o'i arferion trawiadol yw symud ei big i fyny ac i lawr fel petai'n 'pwytho'r' llaid. Ymddengys fel petai ei ysgwyddau'n grwn. Mae'n hoffi byw mewn heidiau.

(**Cwtiad Aur** a **Chwtiad Llwyd**: (haf) y bol du'n ymestyn hyd at yr wyneb; pig fer a syth.) (**Pibydd y Tywod** (haf): dim bol du; pig fer a syth. **Pibydd yr Aber** (haf): dim bol du; mwy ei faint a mwy grymus; pig syth. (**Pibydd Bach**: bach iawn; marc V ar ei gefn.)

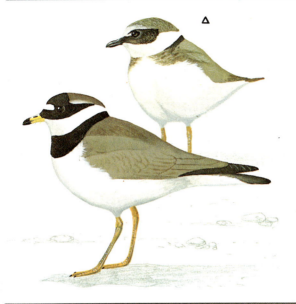

Coler ddu, wyneb gwyn, rhes ddu dros y llygaid a band du ar y talcen.

Aderyn bach byr a chrwn, rhannau uchaf brown a gwyn oddi tano. Noder y bar gwyn amlwg ar ochr uchaf ei adain pan fo'n hedfan. Y cefn brown yn ymestyn i hollti'r crwmp gwyn. Coesau melyn-oren. Bôn y big yn oren a'i blaen yn ddu.

Un o'n rhyddion mwyaf cyffredin ac fe'i gwelir yn bwydo ar draethau'r glannau a'r aberoedd. Ehediad isel a chyflym. Gwelir ef yn aml yng nghwmni Pibyddion y Mawn.

(**Cwtiad Torchog Bach**: does ganddo ddim bar gwyn ar ei adain; llinell ychwanegol ar ei gorun.) **Cwtiad y Traeth**: patrwm gwahanol ar ei wyneb; cynffon a chrwmp gwyn yn amlwg pan fo'n hedfan.

CWTIAD Y TRAETH

23 cm YMWELYDD GAEAF **9 mod**   *Arenaria interpres*

Patrwm brycheulyd ar y cefn a band tywyll ar y fron.

Y rhannau uchaf yn tywyllu'n frycheulyd frown yn y gaeaf. Aderyn crwn, coesau oren disglair, a phig fer. Y cyfan o'i gefn a'i adenydd yn ymddangos yn fraith pan fo'n hedfan.

Ger y glannau yn unig y ceir hwn, yn bwydo ar y traethau a'r creigiau. Symudiadau sydyn, yn rhedeg yn wyllt ar ysbeidiau.

Pibydd yr Aber (a **Pibydd y Tywod** a'r **Pibydd Du**) (gaeaf yn unig): does dim band ar y fron. **Cwtiad Torchog:** coler ddu o dan wyneb gwyn, rhes ddu drwy'r llygaid a band du ar y talcen.

Heidia yn y gaeaf. Crwn, coesau byr, a marciau llwyd fel cen ar y cefn. Yn yr haf, bydd ei ben a'i rannau isaf yn frown.

Mwy ei faint a chryfach yr olwg na Phibydd y Mawn. Cefn llwyd a rhannau isaf gwyn; marciau llwyd ar yr ystlys a'r fron. Bar golau ar yr adain sy'n weladwy pan fo'n hedfan, ynghyd â'r crwmp a'r gynffon olau. Pig fer, syth.

Fe'i ceir ger y glannau ac ar yr aberoedd; gwelir heidiau anferth yn bwydo adeg trai. 'Nyt' yw sŵn ei alwad ac yna 'twit-it' pan fo'n hedfan. *Ymwelydd ymfudol hefyd.

(**Cwtiad Llwyd**: (haf) rhannau isaf du: (gaeaf) 'ceseiliau' duon.) **Pibydd y Mawn**: llai o ran maint; pig yn gwyro i lawr; crwmp wedi'i rannau â du. (**Pibydd y Tywod**: llai o ran maint; coesau tywyll; bol gwyn iawn.) **Cwtiad y Traeth**: (gaeaf) band ar ei fron.

Y crwmp gwyn a'r rhesi gwyn ar ymylon ôl yr adenydd yn nodweddion amlwg pan fo'n hedfan.

Un o'n rhydyddion mwyaf cyffredin. Coesau oren-goch. Blaen du i'r big goch. Cefn brown. Y rhannau isaf gwyn, y fron a'r pen yn rhesog frown.

Aderyn nerfus iawn, hawdd tarfu arno; cwyd ar ei adain ar ôl bowian dro neu ddau, a galwad 'tliw-hiw-hiw' o rybudd.

(**Pibydd Coeswerdd**: ni welir gwyn ar ei adain pan fo'n hedfan; coesau gwyrdd.) (**Pibydd Coesgoch Mannog**: dim gwyn ar ei adenydd; gall dryswch godi pan fo yn ei wisg aeaf.) **Pibydd Torchog**: bar aneglur ar yr adain; crwmp gwyn wedi'i rannu, pig fyrrach. **Pioden y Môr**: brith; mwy o wyn ar yr adenydd ond y crwmp gwyn yn ddigon tebyg.

Pig driongl ryfeddol sy'n troi yn amryliw yn yr haf.

Du yw'r cefn, yr adenydd, y corun a'r gwegil. Rhannau isaf gwyn, wyneb llwydaidd a thraed oren disglair.

Mae'r ehediad cyflym, yr adenydd yn 'chwyrlïo' a'r traed ar led wrth lanio yn nodweddion cyffredin i'r Carfilod. Gwna'r pâl ei nyth mewn tyllau yn y ddaear ar ochrau'r clogwyni, ac ar y clogwyni.

Dim un tebyg.

MORWENNOL GYFFREDIN

33-36 cm YMWELYDD HAF **13-14 mod** *Sterna hirundo*

Pig goch a blaen du iddi gan yr oedolyn.

Tebyg i wylan fain a chanddi gynffon fforchog a hediad ysgafn. Dim ond y capan sy'n ddu. Rhannau uchaf llwyd a'r rhannau isaf yn wyn. Rhimyn tenau, tywyll ar ymyl flaen yr adain allanol. Dengys haul llachar fod panel clir ar brif blu mewnol yr adain.

Ymwelydd â Phrydain yn ystod Mawrth-Tachwedd. Bydd yn hofran a phlymio i ddal pysgod. Ei chynefin yw ger y glannau, ac ambell dro ar ddyfroedd i mewn yn y tir.

Morwennol y Gogledd: pig goch fel gwaed; coesau byr. (**Morwennol Fechan:** llai ei maint; pig felen.) (**Morwennol Bigddu:** blaen melyn i'r big ddu; crib;) **Gwylan Benddu:** pen brown-siocled (haf).

MORWENNOL Y GOGLEDD

Sterna paradisaea   **14-15 mod** YMWELYDD HAF **36-38 cm**

Pig goch fel gwaed gan yr oedolyn.

Tebyg i wylan fain a chanddi gynffon fforchog a hediad ysgafn. Dim ond y capan sy'n ddu. Rhannau uchaf llwyd a rhannau isaf gwyn, a chrwmp gwyn. Yn llygad yr haul ymddengys plu mwyaf yr adenydd yn dryloyw. Ar y tir, mae ei choesau'n amlwg fyr.

Ymwelydd â Phrydain o Fawrth i Fedi. Hela pysgod drwy hofran a phlymio. Fe'i gwelir gan amlaf ger y glannau.

Morwennol Gyffredin: blaen du i'r big goch. (**Morwennol Fechan:** llai a phig felen.) (**Morwennol Bigddu:** blaen melyn i'r big ddu; crib.) **Gwylan Benddu:** pen brown-siocled yn yr haf.

105

GWYLAN GOESDDU
41 cm ARHOSOL **16 mod**   *Rissa tridactyla*

Coesau duon a blaenau duon i'r adenydd.

Gwyn, ac eithrio'r cefn ac ochr uchaf yr adenydd sy'n llwyd; blaenau duon i'r adenydd. Pig felen. Gwelir smotyn du ar glust yr aderyn ieuanc; mae ganddo goler ddu, a marc 'W' du ar ei gefn, a blaen du i'w gynffon.

Ehediad ysgafn; bydd yn cael y cyfan o'i bwyd o'r môr, gan ddilyn llongau. Ei galwad 'citi-wêc' sy'n rhoi'i henw Saesneg iddi.

Gwylan y Gweunydd: coesau melyn, ychydig o wyn ar flaenau duon yr adenydd. **Gwylan Benddu:** coesau coch; ymyl flaen wen i'r adain; pen brown-siocled yn yr haf.

Rhes wen, fertigol, ar y big ddu, drwchus.

Y rhannau uchaf a'r pen yn ddu, a'r rhannau isaf yn wyn. Traed du.

Carfil byr, a'i arferion yn nodweddiadol o aderyn y môr. Bydd yn nythu yng nghwmni ei debyg ar glogwyni'r môr, yn aml yng nghwmni Gwylogiaid. Ehediad isel dros y môr gan guro'i adenydd yn gyflym.

Gwylog: meinach; pig fain; rhannau uchaf brown tywyll iawn.

Rhannau uchaf brown tywyll, a phig fain, finiog.

Gwyn oddi tano, traed brown. Bydd ei fochau a'i wddf du yn troi'n wyn dros y gaeaf. Mae gan nifer cyfyngedig o'r gwylogiaid linell wen oddi amgylch y llygaid, ac yna'n ôl dros y glust.

Carfil main a llyfn a welir dim ond ger y glannau. Ehediad isel gan guro'r adenydd yn gyflym. Nytha mewn magwrfeydd ar silffoedd clogwyni'r môr, yn aml yng nghwmni Llursiaid.

Llurs: pig drwchus, ddu, a llinell wen fertigol arni.

Plu brith a phig hir, syth, oren-goch.

Pen, gwddf, cefn ac adenydd gloyw-ddu. Gwaelod y fron, y bol, y crwmp a bar yr adain yn wyn. Llygaid coch a choesau hir, pinc.

Un o'r rhydyddion cyffredin sy'n hawdd ei adnabod. Fe'i gwelir ar ei phen ei hun neu'n heidiau ar y glannau, yn yr aberoedd ac ar diroedd gwlyb. Ambell dro fe'i gwelir ymhell i mewn yn y tir. Aderyn nerfus, parod i godi ar ei adain, gan bib-alw'n uchel.

(**Cambig:** pig fain yn troi ar i fyny.) **Pibydd Coesgoch:** llai ei faint; plu brown; y rhannau gwyn ar y crwmp a'r adenydd yn debyg.

Gwddf byr, cryf ac adenydd hir, sy'n syth a stiff pan fo'n hedfan.

Trwyn tiwb. Rhannau uchaf llwyd, gwyn oddi tano, heb ddu ar yr adenydd.

Tebyg i wylan ond ei ehediad gosgeiddig yn ei nodweddu. Mae'n drwsgl ar y tir a chaiff gryn drafferth i lanio ac i godi ar ei adain. Gall gadw gelynion draw drwy boeri olew drewllyd o'i stumog arnynt.

Gwylan y Penwaig a **Gwylan y Gweunydd**: blaenau duon i'w hadenydd.

Coesau melyn a chefn llwyd tywyll.

Gwyn ac eithrio wyneb ucha'r adenydd sy'n llwyd tywyll. Yn aml yn y gaeaf bydd ei gwddf yn rhesog, a gall lliw'r coesau fod yn llwyd neu lwyd-binc bryd hynny. Smotyn coch ar y big. Cywion ac adar ieuainc yn frycheulyd frown ar eu rhannau uchaf.

Fe'i gwelir ger y glannau ac ambell dro i mewn yn y tir, yn enwedig pan fo'n mudo, neu yn y gaeaf pan fo'r adar arhosol yn ehangu eu tiriogaeth bwydo.

Gwylan Gefnddu Fwyaf: aderyn mwy o faint, a mwy swmpus; cefn du; y coesau bob amser yn llwyd-binc. **Gwylan y Penwaig**: cefn ac adenydd llwyd golau; coesau llwyd-binc. **Gwylan y Gweunydd**: llai ei maint a meinach; cefn ac adenydd llwyd golau; dim smotyn coch ar y big.

GYLFINIR

53-58 cm ARHOSOL **21-23 mod** *Numenius arquata*

Pig hir, yn troi at i lawr. Nid oes rhesi amlwg ar y corun.

Y mwyaf o deulu'r rhydyddion yng Ngwledydd Prydain. Plu brown, rhesog, sy'n amlwg oleuach ar y bol a'r crwmp. Cynffon frown, rhesog. Coesau hir, llwyd-wyrdd.

Cysylltir y Gylfinir â'r aberoedd, ond yn ystod y tymor nythu fe'i gwelir ar diroedd corsiog. Yn aml, gwelir heidiau o Gylfinirod. Aderyn ofnus, a'i alwad soniarus yn gyfres o nodau byrlymus, iasol braidd.

Coegylfinir: llai; pig fyrrach; corun rhesog; ymfudol: heidiau bychain i'w gweld yn yr aberoedd yn y gwanwyn a'r hydref.

Coesau pinc golau a chefn llwyd.

Gwyn, ac eithrio'r adenydd sydd ag ochr uchaf lwyd a rhannau blaen gydag ymyl wen. Mae'r gwddf yn rhesog dros y gaeaf. Smotyn coch ar y big. Brown brycheulyd yw rhannau uchaf y cywion a'r adar ieuainc.

Gwelir yr wylan swnllyd hon ger y traethau yn ogystal ag i mewn yn y tir. Carthysydd ydyw sy'n hoffi tomenni sbwriel.

Gwylan y Gweunydd: llai a meinach; coesau melyn; dim smotyn coch ar ei phig. **Gwylan Gefnddu Leiaf**: cefn ac adenydd llwyd tywyll; coesau melyn. **Gwylan Benddu** (gaeaf): smotyn du ar y glust; coesau oren neu goch; pig goch; ymyl flaen wen i'r adain. **Aderyn-drycin y Graig**: adenydd syth; heb flaenau duon.

Du a gwyn gyda chylch llydan, brown-goch am y corff.

Mae'r hwyaden fawr hon yn debyg i ŵydd o ran ei siâp; mae ganddi big goch a thraed pinc. Mewn gwirionedd, gwyrdd tywyll yw'r plu du, ac mae 'ffenest' werdd ddisglair ar yr adain. Ceir lwmp coch ym môn pig y marlad.

Gwelir hon ar y traethau a'r aberoedd. Ar y cyfan, bydd yn ymddwyn fel gŵydd. Nytha mewn twll neu yng nghysgod craig neu eithin.

Hwyaden Lydanbig: llai o faint; pig nodedig o fawr a llydan.

Coesau lliw pinc golau a chefn du.

Gwyn, ac eithrio ochr uchaf yr adenydd sy'n ddu. Gwylan fawr, gref, a chanddi smotyn coch ar ei phig. Weithiau, bydd ei gwddf yn rhesog yn ystod y gaeaf. Mae rhannau uchaf y cywion a'r adar ieuainc yn frown brycheulyd.

Gwelir hon, gan amlaf, ger y glannau ac anaml y bydd hi'n crwydro i'r tir yn ystod y gaeaf; ei hoff gynefin yw'r aberoedd. Er mai carthysydd yw'r aderyn hwn, bydd hefyd yn lladd anifeiliaid ac adar mân.

Gwylan Gefnddu Leiaf: aderyn llai ei faint a meinach; cefn ac adenydd llwyd tywyll; coesau melyn. **Gwylan y Penwaig**: llai o ran maint a meinach; cefn ac adenydd llwyd.

MULFRAN
91 cm ARHOSOL **36 mod**

Phalacrocorax carbo

Aderyn y môr; du, a chanddo fochau gwyn.

Du drosto, fwy neu lai. Bochau gwyn yn ymestyn i'r ên. Gwelir clytiau gwyn ar y cluniau yn ystod y tymor nythu.

Ceir hwn ger glannau'r môr, gan amlaf, ac fe'i gwelir yn hedfan yn isel dros y môr. Ehediad syth a chyflym. Saif yn syth ar i fyny pan fo'n clwydo, gan ymestyn ei adenydd i sychu. Bydd yn pysgota mewn dŵr dwfn.

(**Mulfran Werdd**: gwyrdd tywyll, crib fer yn y gwanwyn; dim marciau gwyn.) **Gŵydd Canada**: adenydd a chefn brown.

Sula bassana   **36 mod** ARHOSOL **91 cm**

Adenydd anferth o hir, yn ymestyn at ddwy fetr (chwe throedfedd) ymron pan fônt ar led.

Corff siâp sigâr, a'r adenydd yn fain a chul. Mae corff ac adenydd yr oedolyn yn wyn heblaw am flaenau duon yr adenydd a'r pen melynaidd. Cymysgedd amrywiol o ddu brycheulyd yw'r adar ieuainc.

Hedfana'n hamddenol dros y môr. Pan fo'n bwydo ar bysgod, bydd yn wledd i'r llygad ei weld yn plymio, yn aml o gryn uchder. Bydd ei adenydd wedi eu plygu yn ôl pan fo'n taro'r dŵr.

Dim un tebyg.

Dryw Penfflamgoch   9 cm/ 3½ mod   Titw Copog   11 cm/4½ mod

Pila Gwyrdd   ♂ ♀   11 cm/4½ mod   Pibydd Bach   13 cm/5 mod

Troellwr Bach   13 cm/5 mod   Telor Dartford   13 cm/5 mod

Telor y Coed   13 cm/5 mod   Gwybedog Brith   ♂ ♀   13 cm/5 mod

Telor Cetti   14 cm/5½ mod   Llwydfron Fach   14 cm/5½ mod

118

Tingoch Du   **14 cm/5½ mod**

Llinos y Mynydd **14 cm/5½ mod**

Llinos Bengoch   **14 cm/5½ mod**

Cwtiad Torchog Bach   **15 cm/
6 mod**

Cnocell Fraith Leiaf   **15 cm/
6 mod**

Corhedydd y Coed **15 cm/6 mod**

Pinc y Mynydd   **15 cm/6 mod**

Eos   **17 cm/6½ mod**

Titw Barfog   **17 cm/6½ mod**

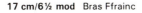

Bras Ffrainc   **17 cm/6½ mod**

Bras yr Eira   **17 cm/6½ mod**   Gylfin Groes   **17 cm/6½ mod**

Cynffon Sidan   **18 cm/7 mod**   Bras yr Ŷd   **18cm/7 mod**

Gïach Fach   **19 cm/7½ mod**   Pibydd y Tywod   **20 cm/8 mod**

Pibydd y Graean   **20 cm/8 mod**   Pibydd Du   **21 cm/8½ mod**

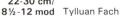

Pibydd Torchog   **22-30 cm/**   Tylluan Fach   **22 cm/8½ mod**
                      8½-12 mod

Pibydd Gwyrdd **23 cm/9 mod**

Corswennol Ddu **24 cm/ 9½ mod**

Morwennol Fach **24 cm/ 9½ mod**

Cigydd Mawr **24 cm/9½ mod**

Mwyalchen y Mynydd **24 cm/ 9½ mod**

Cudyll Bach **27-33 cm/ 10½-13 mod**

Turtur **27 cm/10½ mod**

Troellwr Mawr **27 cm/10½ mod**

Rhegen y Dŵr **28 cm/11 mod**

Cwtiad Aur **28 cm/11 mod**

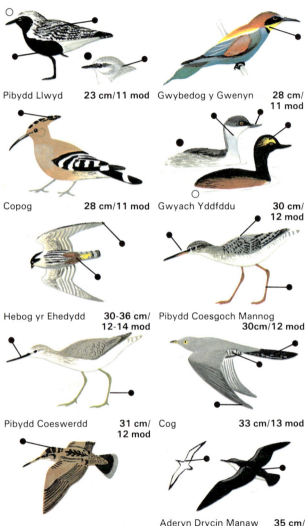

Pibydd Llwyd	**23 cm/11 mod**
Gwybedog y Gwenyn	**28 cm/ 11 mod**
Copog	**28 cm/11 mod**
Gwyach Yddfddu	**30 cm/ 12 mod**
Hebog yr Ehedydd	**30-36 cm/ 12-14 mod**
Pibydd Coesgoch Mannog	**30cm/12 mod**
Pibydd Coeswerdd	**31 cm/ 12 mod**
Cog	**33 cm/13 mod**
Cyffylog	**34 cm/13½ mod**
Aderyn Drycin Manaw	**35 cm/ 14 mod**

Adar Llai Cyffredin

Hebog Tramor · 38-48 cm/ 15-19 mod

Rhostog Gynffonfrith · 38 cm/ 15 mod

Tylluan Glustiog · 38 cm/15 mod

Rhostog Gynffonddu · 39 cm/ 15 mod

Morwennol Bigddu · 41 cm/ 16 mod

Bod Tinwen · 43-51 cm/ 17-20 mod

Cambig · 43 cm/17 mod

Chwiwell · 46 cm/18 mod

Sgiwen y Gogledd · 46 cm/ 18 mod

Môr-hwyaden Ddu · 48 cm/ 19 mod

123

Adar Llai Cyffredin

Bod y Gwerni — **48-56 cm/ 19-22 mod**

Hwyaden Lwyd — **51 cm/20 mod**

Gwalch y Pysgod — **51-58 cm/ 20-23 mod**

Bod y Mêl — **51-58 cm/ 20-23 mod**

Bod Bacsiog — **51-56 cm/ 20-22 mod**

Gŵydd Ddu — **56-61 cm/ 22-24 mod**

Hwyaden Lostfain — **55-66 cm/ 22-26 mod**

Gŵydd Wyran — **58-69 cm/ 23-27 mod**

Hwyaden Fwythblu — **58 cm/ 23 mod**

Hwyaden Frongoch — **58 cm/ 23 mod**

Sgiwen Fawr **58 cm/23 mod**

Gŵydd Droedbinc **61-76 cm/ 24-30 mod**

Barcud **61-64 cm/24-25 mod**

Cigfran **64 cm/25 mod**

Gŵydd Dalcen Wen **66-76/ 26-30 mod**

Hwyaden Ddanheddog **66 cm/ 26 mod**

Eryr Euraid **75-58 cm/ 30-35 mod**

Gŵydd Wyllt **76-89 cm/ 30-35 mod**

Mulfran Werdd **76 cm/30 mod**

Alarch Bewick **122 cm/48 mod**

Mynegai a rhestr adar

Cedwch gofnod o'r adar a welwyd gennych drwy roi ✓ yn y blychau.

127

DARLLEN YMHELLACH

'Nabod Adar (cyf. E. Breeze Jones), RSPB, 1982
Llyfr Llwybr Natur: Gwylio Adar (cyf. Dafydd Davies) Gwasg Gomer, 1985
Clicio'r Camera: Dyddiadur Naturiaethwr, T. Breeze Jones, Gwasg Dwyfor, 1987
Cyfres Adar Gwasg Dwyfor gan Islwyn Williams ac E. V. Breeze Jones:

1 *Adar yr Ardd*   2 *Adar yr Ucheldir*
3 *Adar yr Afonydd a'r Llynnoedd*   4 *Adar y Coedydd*
5 *Adar Llawr Gwlad a Chorsydd*   6 *Adar y Glannau*
7 *Adar Cefn Gwlad*   8 *Adar yr Aberoedd a'r Traethau*
9 *Adar Prin*